損する言い方 得する言い方

怒りを笑いに変える
クレーム・コンサルタント
谷 厚志

日本実業出版社

プロローグ　「使う言葉」に、あなたの人間性が表れる

私、怒りを笑いに変えるクレーム・コンサルタントの谷《たに》厚志《あつし》と申します。どうぞ宜しくお願いいたします。

話し方、コミュニケーションを解説する本がたくさんあるなかで、この本を手に取っていただき、本当にありがとうございます。

２１６ページという限られたスペースになりますが、お伝えしたいことはすべて全力で出し尽くします。ぜひ、最後まで楽しんでお読みください。

私のメインの仕事の１つで、クレーム対応の企業研修に登壇することがあります。

研修が終了してから数か月後、受講者から「谷さんのおかげで、うまくいきました！ありがとうございます」と、すごく感謝してくれる人と、「谷さんの言うとおりにやったのに、全然うまくいかなかった」と、私に対して恨み節を言ってくる人がいます。

同じ会場で同じ研修カリキュラムを学んでいただいたにもかかわらず、この違いはどこ

から生まれてくるのでしょうか？

その後、うまくいった人と全然うまくいかなかった人の話をそれぞれ詳しく聞いてみてわかったことがあります。

それは**〝人間性〟の違いで、クレーム対応の結果が変わる**ということでした。

人間性と言うと大げさなように思われるかもしれませんが、簡単に言えば**〝言葉の使い方＝言い方〟が大きな原因**となっているのです。

どんな言葉を使うのかは、普段の自分の考え方で変わります。つまり、心の中にあることが、そのまま言葉になります。

研修でいくら学んでも、最終的には言い方に人間性と生き様が出るので、結果（アウトプット）が変わってくるのです。

「注文した商品が約束の時間に届かないぞ！」というクレームに対して、「えっ！　そんなことが⁉」と驚きを見せて、自分事としてお客様の気持ちに寄り添った対応をする人と、「えっ！　そんなことで？」と口にはしなくても、どこか他人事のように面倒そうに処理しようとする人とでは、お客様が抱く印象も大きく変わります。

世の中を見渡しても、ものすごい専門知識のある研究者や、社会的に成功されている起

業家なのに、**言い方が悪いために敵をつくり、結果的に損をしてしまう**人がいます。

私の身近なところでも、人間性を疑われるような言動により周囲の信頼を失っている人をたくさん見てきました。


私自身も言い方で、数多くの失敗をしてきました。何も考えずに口走った軽率なひと言で、すごく嫌われてしまい、ドロ沼にハマったという苦い経験もあります。

また、私は〝尊敬される人間になりたい〟と考えて、人間性、つまり性格を変えようと様々なチャレンジをしました。しかし、なかなか長続きせず、また少しは性格が変わったと感じても形状記憶のシャツのようにキレイに元に戻ってしまうことが何度もありました。

そのため、自分の性格というのは簡単には変えられないということを痛感しました。


でも今、**私は誰とでも良好な人間関係をつくれて、〝ストレスゼロ〟で人生を笑って過ごせる**ようになりました。

そのようになるための具体的な秘訣については、本文をぜひ読んでいただきたいのですが、ポイントを1つ挙げるとすれば、**性格は変えられなくても、使う言葉を意識的に変えていけば、少しずつ人間関係に悩むことがなくなっていく**ということです。

また、**使う言葉を変えたことで、自分の気持ちも後ろ向きなマインドから前向きなマインドに大きく変わりました。つまり、メンタルが強くなったのです。**

この『損する言い方　得する言い方』という名の本では、失敗ばかりして自信をなくしてくすぶっていた私が、言葉を変えることで人間関係、そして仕事も人生までも劇的に好転させることができた実例を包み隠さず公開していきます。

さらに、そうした人間関係、仕事、人生を好転させる言葉を「得する言い方」として、逆に私がドロ沼にハマったときに口癖のように使っていたＮＧワードを「損する言い方」として対比して紹介していきますので、すぐに言葉の変換を実践できるはずです。

ここで、〝損する〟と〝得する〟という表現ですが、短期的な視点ではなく長期的な視点で使用している点にご留意ください。

言葉を変えると、心が変わる。人間関係が変わる。目の前に広がる景色が変わる。

言葉を変えよう！　心を変えよう！　人間関係を変えよう！　人生を変えよう！

目次

プロローグ　「使う言葉」に、あなたの人間性が表れる

第1章

言葉を変えると、人間関係は好転する

01 「できないです」という〝否定の言葉〟を使わない …… 16
■否定や批判の言葉はコスパが悪い!? …… 16
■言葉を変換して相手を嫌な気持ちにさせない …… 19

02 「それは難しいと思います」は被害者意識の表れ？ …… 22
■後ろ向きな言葉は疲れる!? …… 22
■使う言葉次第で物事の捉え方が大きく変わる …… 24

03 「どうせやってもムダ」と自分にダメ出しをしない …… 28
■〝言葉の老化〟は自分の可能性を奪う!? …… 28
■自分の未来は〝使う言葉〟で決まる …… 30

04 「ホント、嫌なヤツ」と敵対しない …… 34

■悪口は感染する!? …… 34
■嫌なヤツをなくす方法 …… 36

05 「やるじゃん」と上から目線でほめない …… 40
■他人をほめるとストレスがゼロになる!? …… 40
■効果抜群のほめ方とは? …… 42

第1章のまとめ 人間関係で「損する言い方」「得する言い方」 …… 46

第2章 嫌なヤツや苦手な人を相手にするときのイライラや怒りを消す言葉の変え方

06 「誰もわかってくれない」と腐らない …… 48
■他人の評価を気にしすぎない …… 48
■〝できている部分だけ〟を見る習慣を身につける …… 50

07 嫌なことがあっても「ありえない!!」と腹を立てない …… 54
■他人に〝依存〟しないで、自分が〝主導権〟を握る …… 54
■嫌なことがあったときは〝自問自答〟する …… 57

08
「こんなの簡単だぞ」と、マウントをとってはいけない …… 60
■ 部下は偉そうな言葉をかける上司に反発する …… 60
■ 周りの人を輝かせることで自分が輝ける …… 63

09
「それは間違っている」と自分の価値観を相手に押しつけない …… 66
■ 自分ではなく、相手の立場に立って話す …… 66
■ 「クソ」という言葉で何でも片づける人は〝井の中の蛙〟!? …… 69

10
「嫌われたくない」と他人の批判を恐れない …… 72
■ 何をやっても批判やクレームは起きる …… 72
■ あえて〝空気を読まない〟ことも必要 …… 74

11
「関わりたくない」と苦手な人から目を背けない …… 78
■ 苦手と思うことの中に楽しみを見つける …… 78
■ 苦手な人とのストレスフリーな付き合い方 …… 80

第2章のまとめ 負の感情を抱いたときに「損する言い方」「得する言い方」 …… 84

第3章 ぶっちゃけると、好感度が一気に上がる

12 「大丈夫です。自分でやります」と強がりを言わない …… 86
■本当に強いのは「助けてください」と素直に言える人 …… 86
■周囲の人に甘えれば何でもうまくいく …… 88

13 「なるはやで、やるようにします」と安請け合いをしない …… 92
■すべての期待に応えなくてもいい …… 92
■〝できること〟と〝できないこと〟をセットで伝える …… 94

14 「これ、自慢なんだけど」と自分のアピールをしない …… 98
■語っても好かれることはないのが成功談 …… 98
■自分の失敗談は他人の役に立つ！ …… 100

15 「なぜ、あいつばかり…」とやる気をなくさない …… 104
■自信を持てるものを1つつくる …… 104
■自分のブランドを確立する …… 106

16 「仕方がない」とすぐに妥協しない …… 110
■自分の〝ありたい姿〟の目標を立てないと妥協してしまう …… 110
■立ち止まらずに、やれることをやる …… 112
第3章のまとめ 印象で「損する言い方」「得する言い方」 …… 116

第4章

謝罪上手は「世渡り上手」

17 「私に言われても…」と自分を守らない …… 118
■「自分は悪くないのに」と考えたら炎上する …… 118
■謝ることは恥ずかしいことではない …… 120
18 「申し訳ありません！」を連発しない …… 124
■ただ謝罪の言葉を述べるだけではダメ！ …… 124
■相手の言いたいことを受け止めて謝罪する …… 126
19 「以後、気をつけます」で許してもらおうとしない …… 130

■最後まで相手の話をしっかり聴く …… 130
■怒っている相手の気持ちを理解しようとする …… 132

20
「私はそうは思わないです」と反論してはいけない …… 136
■反論しても何もよいことはない …… 136
■他人の言葉は自分の改善点を探すヒントになる …… 139

21
「最近、バタバタしてまして…」と言い訳しない …… 142
■やっぱり、言い訳する人が一番信頼を失う …… 142
■本気で仕事をしているか？ …… 144

22
「何も聞いておりません」と責任転嫁しない …… 148
■仕事はどんな場面でも自己責任 …… 148
■責任を負うことで仕事は楽しくなる …… 150

23
「大したことはないと思っていました」と問題を小さくしない …… 154
■失敗を隠したり、小さく見せようとしたりしてはいけない …… 154
■相手の感情を優先して問題を大きく捉える …… 156

24
「すみませんでした…」と謝って終わりにしない …… 160

■謝罪シーンでは同じ過ちを繰り返さないために何をやるべきかが明確になる……160
■感謝できると、考え方も行動も変わる！……162
第4章のまとめ　謝罪で「損する言い方」「得する言い方」……166

第5章

言葉を変えるだけで「笑う門には福来たる」

25 「めんどくさい」と言わない……168
■面倒なことを率先してやる……168
■自分の快適な場所から一歩出る……170

26 「自分には向いていない」と逃げない……174
■逃げるヤツは自分の判断を正当化しようとする……174
■何でも面白くなるように工夫する……176

27 「何も楽しいことがない」と愚痴を口にしない……180
■夢と目標がないから毎日がつまらない……180
■充実度は〝自己満足の時間〟に比例する……182

28 「自分は運が悪い」は禁句 …… 186

■ネガティブな情報には近づかない …… 186

■〝準備〟と〝機会〟がぶつかったときに幸運を手にすることができる …… 189

29 「お金がないので、できない」と、できない理由を探さない …… 192

■〝稼ぐ力〟の身につけ方 …… 192

■自分で仕事をつくり出すと夢中になれる …… 194

30 「自分にできるだろうか?」と立ち止まらない …… 198

■悩んで迷っている時間はもったいない …… 198

■「自分はやれる」と心に決めて挑戦する …… 200

31 「忙しい」「疲れた」を封印する …… 204

■仕事は〝お客様の役に立つこと〟を重視する …… 204

■〝自分の幸せのカタチ〟を明確にする …… 206

第5章のまとめ 仕事、そして人生で「損する言い方」「得する言い方」 …… 210

エピローグ 人生であと100回しか話すことができないなら、どんな言葉を使いますか?

カバーデザイン 山之口正和(OKIKATA) 本文デザイン 山之口正和+沢田幸平(OKIKATA)

DTP 一企画

第1章

言葉を変えると、
人間関係は好転する

01

「できないです」という〝否定の言葉〟を使わない

否定や批判の言葉はコスパが悪い!?

「まったく役に立たない！」「共感できない」「面白いことが書かれてなかった…」――。これらは、私が過去に出版した著書のインターネット上に読者の感想として投稿された言葉の数々です（涙）。

怒りを笑いに変えるクレーム・コンサルタントとしては、こうした書き込みをされた人たちの怒りを、どうやって笑いに変えるのかと読者のあなたは興味を持っているかもしれませんが、残念ながら、どうすればよいのか、私にもわかりません（笑）。

目の前にそのような書き込みをされた本人がいたなら、「お役に立てなかったようで申し訳ありません。どの辺が面白くなかったですか?」と聴くことができ、「そうでしたか。お話、よく理解できました。次は、お役に立てる面白い本を書くようにしますね」とお伝

えし、次は笑ってもらえるような本を出版することで、怒りを笑いに変えることができたかもしれませんが、おそらく、その機会が訪れることはないと思います。

正直なところ、これまで数多くのクレームを受けてきた私でも、自分のことを否定されると傷つきます。

テレビのお仕事の現場で休憩中に、あるお笑いタレントの方に「ネットに書かれている悪口とか見たりしますか？」と、それとなく質問したことがあります。

その方は「匿名で書かれていることなので、気にしないようにしてますね。落ち込んでいる時間がもったいないので」と、笑いながら仰っていました。

その後、その方のお名前をネット上で検索したところ、私だったら立ち直れないぐらいの誹謗中傷《ひぼうちゅうしょう》する酷《ひど》いコメントばかりでした。

「そうか、このぐらいの強い気持ちがないと芸能界では生きていけないのか」と素直に感心したものです。

でも、それ以上に私の心に一番残ったのは、「**落ち込んでいる時間がもったいない**」という言葉でした。時間をコストとして意識されていることでした。

これは、とても重要な考え方だと思います。「酷い書き込みに落ち込んでいる暇などない。

自分のやるべきことに集中しよう」という、超一流の考え方です。

人の意見を否定したり、批判したりしてストレスを発散しようとする人がいますが、否定や批判をしたところで、自分の人生がよくなることはありません。

もっと具体的に言うと、私の著書の悪口をネット上に書き込んだ人は、せっかくお金を払って私の著書を買って、読む時間というコストをかけたうえに、さらに「まったく役に立たなかった」という怒りのコメントを書く時間まで浪費してしまっています。一体、どれだけ、お金と時間をムダにしたのかを考えてほしいのです。

人生の中で他人を否定したり批判したりすることは、コストパフォーマンスとして非効率で、いかに自分が損することになるかを意識するべきです。

そして、**時間をムダにせず、毎日楽しく生きていくためには、〝否定の言葉〟を使って怒るのではなく、笑って過ごせるようなよい言葉を使う**ことが大切です。

例えば、先ほど取り上げた私の著書の場合、せっかく購入して読んだ本の批判をするのではなく、その本の中でよいと思ったことを1つでも見つけて実際に試してみることがコストパフォーマンスもよく、人生が大きく好転するきっかけになるのではないでしょうか。

ですから、あなたは、この本の悪口をネット上に書き込むのではなく、ぜひよい部分を

見つけて、それを実践してみてくださいね（笑）。

言葉を変換して相手を嫌な気持ちにさせない

接客の場面で、お客様からクレームを最も言われるのはどんなときか、ご存知でしょうか。それは、お客様に対して**〝否定の言葉〟**を使ってしまったときです。

代表的なものに「それは、厳しいですね」という**〝拒否する言葉〟**、「無理だと思います」「できないです」という**〝拒絶する言葉〟**が挙げられます。

例えば、買ったスマホ（スマートフォン）が故障したという場面では、「お急ぎかもしれませんが、2時間ほどお時間をいただかないと、直らないです」という否定の言葉を使うと、「2時間も待たされる」という印象を与え、お客様がさらに不満を募らせてしまうことが少なくありません。

接客時には否定ではなく、**〝肯定の言葉〟**を常に使うようにすれば、お客様を怒らせることがなくなります。

先ほどのスマホの故障の例であれば、「**それはお困りですね。2時間ほどお時間いただけましたら、お使いいただけるようになります**」という表現にすると、随分印象はよくな

ります。おそらく、お客様は〝2時間待てば、使えるようになる〟という前向きな気持ちになるはずです。すなわち、待つ時間が同じ2時間でも、使う言葉次第でお客様の受け取り方が大きく変わるのです。

このように、肯定の言葉を使う最大のメリットは、目の前の人を嫌な気持ちにさせなくて済むということです。それだけでなく、あなたの印象や評価も大きく変わります。

コミュニケーションで重要なのは、自分の使う言葉が相手をどんな気持ちにさせるのかを常に意識することです。**自分ではなく、言葉の受け手である相手の気持ちを軸にして言葉を慎重に選ぶ必要がある**のです。

今、あなたが使っている言葉は、相手を笑顔にする言葉ですか？

それとも、嫌な気持ちにさせてしまう言葉ですか？

相手のことを考えてコミュニケーションをとれば、どんな相手ともうまく付き合うことができるようになります。

否定の言葉は、誰も幸せにしない

得 する言い方

「お待ちいただくと、対応できます」

「明日になりましたら、申請の受け付けができます」のように、「〇〇すると、□□できる」という肯定の言葉を使うと、相手は嫌な気持ちにはならない。

損 する言い方

「お待ちいただかないと、対応できません」

「明日にならないと、申請は受け付けできない」のように、「〇〇しないと、□□できない」という否定の言葉を使うと、相手に嫌な印象しか与えない。

02

「それは難しいと思います」は被害者意識の表れ？

後ろ向きな言葉は疲れる!?

私は、多くの企業やお店からクレーム対応のコンサルティングの依頼を受けます。

最初の打ち合わせで企業やお店を訪問する際には、私は必ず現場の社員やスタッフの方の表情をチェックするようにしています。

それは、私に相談してくる組織には1つの共通点があるからです。その共通点というのは、現場の社員やスタッフの方が楽しそうに仕事をされていないことです。誰も笑っていない。「笑ったら負けという罰ゲームでもあるのか!?」と思わされるぐらい、とにかく表情が暗いのです。みなさん、疲れているようにも見えます。

さらに、打ち合わせで担当者から出てくるのは、**後ろ向きな言葉**のオンパレード。

「クレームしか言わない嫌な客が多い」「厄介なことを言う客ばかりで…」——。

こういった後ろ向きな言葉ばかりを聞かされていると、こちらも暗い気持ちになります。1時間の打ち合わせを終えた後の私の体は疲労感でいっぱいです。

ここで読者のあなたに知ってほしいことは、「嫌な客が多い」「厄介な客ばかり」などの**後ろ向きな言葉を使いながら仕事をするから、現場でクレームが多発する**ということです。これは、後ろ向きな言葉が現場を疲弊させていると言い換えることもできます。

ですから、前向きな言葉に変換する習慣を持つようにしましょう。

そもそも、「クレーム＝嫌なもの」と考えるから、嫌な気持ちになるのです。

では、「クレーム＝アドバイス」と前向きに言い換えてみてはどうでしょうか。

このように変換することができれば、「嫌な客」から「仕事の改善点を教えてくれたお客さん」という考えに変わり、「有難いお客様」と思えるようにもなります。

クレームが発生したときに〝厄介なクレームが来た〟と思う人が多いかもしれませんが、

〝厄介なことが起きたのはお客様側〟なのではないでしょうか。

お客様にとって厄介なことが起きたので、困ってクレームを言ってこられたと考えることができれば、「それは大変だ。できる限りのことをさせていただきたい」と思うようになるはずです。

ところで、あなたは後ろ向きな言葉を使うことによって、自分に被害者意識を植えつけていることに気づかれているでしょうか？

後ろ向きな言葉を使うと、自分自身も疲弊させてしまいます。

すなわち、〝嫌な客〟や〝厄介な客〟というのは、あなたが発する後ろ向きな言葉によってつくり上げられた存在とも言えるのです。

使う言葉次第で物事の捉え方が大きく変わる

実は、企業のお客様相談室に勤めていたころ、〝クレーム対応の仕事は大変難しいものだ〟と考えて、疲弊している時期が私にもありました。

そんなとき、同僚からの誘いで、ある異業種交流会という名のイベントに参加したことがありました。そのイベント会場で名刺交換したＩＴ企業に勤めていた、とてもキレイな女性から「クレーム処理係って仕事、毎日つらくないですか？」と、私のことを可哀そうな人を見るような目つきで質問されました。

当時の私は〝毎日が地獄〟と思っていたので、「はい、嫌で嫌で仕方がないです」という開き直るような言葉が口から出そうになりましたが、女性の前でカッコつけたかったの

で、「いえ、私の仕事はクレーム処理係ではなく、しっかり対応してファンをつくることです！」と、大手企業のお客様相談室の活動指針にあった内容をそのまま拝借して、自分の信念のように自信満々に答えました。

すると、その女性は目を輝かせて「すごい！　確かにそうですね。とても勉強になります」と、すごく感動していました。

自分の本心とは１８０度真逆の言葉がつい口から出てしまったわけですが、この女性の〝クレームの仕事はつらそう〟という認識を変えることができたのです。

それと同時に、こうした前向きな言葉が自分自身に暗示をかけたかのように、クレーム対応の仕事について前向きに考えるきっかけになったことを今でもはっきりと覚えています。まさに、**使う言葉によって目の前の人に感動を与えることができ、自分の物事の捉え方を大きく変えた**出来事でした。

それまでの私は、「クレーム対応は難しい」という後ろ向きな言葉を口癖のように使って、自分の仕事のハードルを自分で上げて難しくしていたのです。

しかも、「なぜ、自分のせいでもないのに、頭を下げないといけないのか！」と考えて、いかに難しい仕事なのかという理由ばかりを頭に浮かべて嫌々クレームを処理していました。つまり、お客様のことを〝嫌なヤツだ〟と考えていたのです。

では、どうすればよいのでしょうか？

どのようにして、前向きな言葉に変換すればよいのでしょうか？

「クレーム対応なんて簡単だ！」という強引な言葉ですべて解決することができるかもしれませんが、それでは何も根拠がないので、クレーム対応がうまくできなかったときは「やっぱり難しい」と元の考えに戻ってしまいます。

ここで大切なのは、**「難しい」と言って思考停止になるのではなく、「どうすればできるようになるのか？」と前向きに考える**ようにすることです。つまり、**逃げるのではなく、「学ぶ」ことにシフトする**のです。人生を充実させる大きな要因の1つは、学びにより自分を成長させ、問題を解決できるようになることです。

すぐには問題を解決することができなくても、前に進むことが大切です。前に進むために使うべき言葉は、**「やりがいがある」「この問題は奥が深い」**です。こうした前向きな言葉に変換するようにすれば、誰でも一歩前に踏み出すことができます。

なぜなら、**前向きな言葉を口にすれば、大きな壁だと思っていたことが階段となる**からです。乗り越えるための階段に変えることができれば、気持ちも随分楽になるというわけです。

前向きな言葉を使えば、自分も相手も疲れない。気力もアップする

得 する言い方

「やりがいがありますね」

「この問題は奥が深い」

「難しいからこそ、面白い」と前向きな言葉に変換してみよう。何事にも自分自身で〝できるようになりたい〟と考えて積極的に取り組むようにすると、「やってみたら、意外とできるかも」と自然に言えるようになる。

損 する言い方

「難しいです」

「ハードルが高いです」

嫌な仕事を任されそうになったときに「難しいので、自分にはできない」という後ろ向きな言葉を使う人は、できないのではなく、やらない人。学ぼうとしないから、ずっとできないままで終わってしまう。

03

「どうせやってもムダ」と自分にダメ出しをしない

〝言葉の老化〟は自分の可能性を奪う!?

私の唯一の趣味は、テニスです。週1回だけプレーするウィークエンドプレーヤーなのですが、練習試合で相手の横を抜くショットが打てたときには、講演で鉄板ネタがウケたときと同じぐらいの快感を味わうことができます。

しかし最近、自分が〝オジさんになったな〟と思うことが少なくありません。若いころなら簡単に拾えていたボールに追いつけないのです。明らかに衰えを感じています。

あるとき、テニスコーチから「年齢を重ねると、反応が遅くなるので仕方がないですね」という指摘を受けました。

まさに、核心をついた〝実態どおりの言葉〟です。ですが…。私は納得できなかったの

です。納得できなかったのは、「年齢を重ねると、反応が遅くなる」という言葉によって、〝あなた、オジさんですからね〟と決めつけられたことでした。

自分でも〝オジさんになった〟と思っていたくせに、他人からオジさん扱いされると異様に腹が立って、「年寄り扱いしやがって！」と反論したくなったのです。めんどくさい、オジさんだと思いますか（笑）。

さらに、「仕方がないですね」という「あきらめてください」と言わんばかりの言葉も、私をとても嫌な気持ちにさせたのです。

私はこれらを**〝老化の言葉〟**と呼び、人の意欲や可能性を奪う言葉だと考えています。素直な人は、こうしたコーチの言葉を真に受けて「そうだな。やっぱり年齢にはかなわない。仕方がないことだよな」というように考えて、年齢のせいにするのではないでしょうか。でも、そうしてしまうと、テニスの実力は下降線をたどるだけだと思います。

ですから、あなたにも、この**〝老化の言葉〟を〝進化の言葉〟に変換する**ように心がけてもらいたいのです。

もし、私がテニスコーチの立場であれば、「年齢を重ねると、反応が遅くなるので仕方がない」と言ってあきらめさせるのではなくて、次のような言葉をかけて、加齢の問題を

克服するアドバイスをします。

「ボールが来るところを早めに予測して動くと、拾えるボールが増えますよ」

どうでしょうか？

まさに、〝進化〟や〝成長〟を促し、問題解決の近道を提示した言葉ではないでしょうか。

こんな言葉がコーチから聞けると、年齢のせいにすることはなくなり、自分の可能性を信じて、もっとうまくなりたいと思えるようになるはずです。

自分の未来は〝使う言葉〟で決まる

では、そもそも〝言葉の老化〟という現象は、なぜ起きるのでしょうか？

これは、私なりに出した結論ですが、〝周囲がそう言っている〟とか、〝過去の自分がそうだったから〟といった自分の中の〝**思い込み**〟が大きな原因だと考えています。

努力したにもかかわらず、成果が出ないと、「自分の実力はこんなもの」「何度やっても結果は同じ」といった、〝あきらめの言葉〟を使ってしまいがちです。つまり、〝もう限界〟

と思い込んでしまい、言葉を老化させてしまっているわけです。

　こうした思い込みが言葉を老化させる原因ならば、**〝どう思い込むか〟を意識する**必要があります。

　以前、トークショーのナビゲーターのお仕事を担当し、ゲストとしてプロ野球で長年エースとして活躍された方をお迎えしたときに、とても印象に残っている話があります。37歳のベテラン投手として迎えたシーズンで開幕当初からなかなか勝つことができず、夏前に二軍に落とされたそうです。周囲からの「限界説」「チームの世代交代」といった声が自分の耳にも入って、「この年齢で今さら二軍で調整なんて…」と自然に思うようになり、口癖のように「今さら」という老化の言葉を発していたそうです。

　ただ、そんな彼を奮い立たせるきっかけをつくったのが奥様のひと言でした。

「**エースのあなたが、チームに迷惑をかけたままの、こんな終わり方でいいの？**」

　この言葉によって、〝成績を残せない理由を年齢のせいにしたくない〟と考えるようになり、二軍監督やコーチと不調の原因を探っていったそうです。

すると、スタミナは落ちてはいなくて、瞬発系の筋肉が低下しているということが判明しました。そこで、トレーニング方法を一から見直し、瞬発力を向上させることを徹底したところ、体のキレは好調だったころよりもむしろ、よい状態になりました。

その後、一軍に復帰し、シーズン後半だけで5勝を上げて、チームに大きく貢献することができたそうです。

一から見直した苦しいトレーニング中の口癖は、「**自分が大きく変われるチャンスだ**」「**また違う自分に出会うことができる**」だったそうです。

「今さら（老化）」ではなく「今から（進化）」に言葉を変換したからこそできた、見事な復活劇だったのです。

自分の未来の姿を決めるのは、自分の使う言葉です。

今までの自分ではなく、〝未来のなりたい自分の姿〟を思い浮かべて言葉にすれば、自分がつくった思い込みは変わり、行動も変えることができるようになります。

自分で自分にダメ出しをしない。
自分で自分の背中を押そう！

「どうせ自分はダメ」と言ったまま何もしなければ、10年後もダメなまま。ダメなままで、後悔しない？

損する言い方

「今さらやれない」

「どうせやってもムダ」

得する言い方

「今こそやってみる」

「次はうまくいく」

無理やりポジティブになる必要はない。でも、「次はうまくいく」という言葉を口にすると、気持ちが楽になり、うまくいくような気にもなる。「不可能」だと思い込むのはやめて、「挑戦」を言葉にしよう。

04

「ホント、嫌なヤツ」と敵対しない

悪口は感染する⁉

お客様相談室時代、私は責任者だったので、怒りまくって興奮しているお客様のクレーム対応を部下から引き継ぐことがよくありました。

ある日、部下から引き継いだ電話で、お客様から「お前ら、バカなの？」という罵声を10分近く浴びせ続けられたことがありました。その後、お客様は言うだけ言ったら気分がスッとしたようで、「次も使うから、同じことがないようにしろよ！」という言葉を残して電話を切られました。

正直、「あれだけ文句を言って、また使うの⁉」『もう二度と使うか！』と言われて他の会社を利用してもらうほうが助かるんだけど…」と思ったものでした。

当時の私は、「なぜ、そこまで言われないといけないのか⁉」という不満とストレスでいっぱい。クレームを言ってきたお客様のことを心の底から恨んでいました（笑）。

仕事が終わると、そのストレスを発散しようとして部下を連れて飲みに行き、「あのクレーマー、ホントに嫌なヤツやな」と、悪口を言っていました。

こうした〝クレームを言われた日の仕事終わりに、お酒を飲みながらお客様の悪口を言う〟日々がしばらく続きました。

そんな状況のある日、私はプライベートで妻と食事に行ったのですが、横のテーブルにいたサラリーマン風の男性４人組が延々と取引先の部長の悪口を言っているという場面に遭遇しました。

「あいつはホント、嫌なヤツ」「文句ばかり言いやがって」という辛辣《しんらつ》な内容でした。横で彼らの会話を聞いていて、とても嫌な気分になりました。しかし、そのときに気づきました。自分もまったく同じことをしていたのです。

〝人の振り見て我が振り直せ〟ではありませんが、いい大人が仕事での不満やストレスを解消するために悪口を言うのは、とてもカッコ悪いことだと思い知らされました。

その翌日に出社すると、部下から次のような報告を受けました。

「また、あのクレーマーから電話がかかってきて、『この前と何も変わってない！』と怒っていました。あいつはホント、嫌なヤツですね」

部下にこう言わせたのは、私の責任です。部下と一緒になって、そのお客様の悪口を散々言ってきたために、部下にまでそのお客様を「クレーマー」「嫌なヤツ」と言わせてしまっていたわけです。

自分が**他人の悪口を言うと、周囲の人に嫌な気持ちを与えるだけでなく、その悪口を聞かされた人もその人の悪口を言うようになってしまう**のです。

まさに、悪口というウイルスが周囲の人にどんどん感染して悪循環に陥るということです。自分が感染源となり、集団感染させてしまわないように気をつけてください。

嫌なヤツをなくす方法

他人のことを悪く言うと、嫌いな人ができます。悪口を言い続けると、その人のことが

どんどん嫌いになります。特に仕事で気をつけたいのは、職場の上司や取引先のお客様など毎日、顔を合わせることが多い人の悪口を言うことです。

その人の悪口を言うことで、一時的にはストレスを発散できるかもしれませんが、その人に対してずっと「あいつは嫌なヤツだ」とイライラした状態が続きます。これでは、自分自身が悪いウイルスに感染したままの状態で、息苦しい人生を過ごすだけです。

この息苦しさから解放されるためには、自分にとって嫌なヤツをなくす、あるいは少なくするということが、人生においてとても重要です。

ここで、〝嫌なヤツをなくすことなんて、できない〟と思う方がいるかもしれません。でも、嫌なヤツをなくす唯一の方法があるので紹介しましょう。

それは、**〝この世に敵はいない〟と考える**ようにすることです。

例えば、上司からきつく叱られて「パワハラされた」と言うと、その上司のことを敵だと考えてしまいます。この場合、〝自分に非はなかったか？〟という客観的な観点が抜け落ちていて、自分のことを悪く言う人や、自分を嫌な気持ちにさせる人だと一方的に〝敵対視〟しているのです。

でも、一般的な社会では、敵なんて存在しないのです。**敵とみなして闘うべき存在があ**

るとすれば、自分自身の負の感情です。きつく叱られたときに、「**自分の至らない点を教えてもらった**」「**早いうちに指摘してもらえてよかった**」と言えるようになると、相手を敵対視することがなくなります。

また、叱られたときに、自分が上司をイライラさせていたことや、上司にとって自分が嫌なヤツになっていたかもしれないということに気づけるかどうかも大きなポイントです。

クレームや文句を言ってきたお客様や取引先の嫌な部長に対しても同じです。

自分たちは、相手に喜んでもらえるような仕事をしていたのでしょうか？

自分たちの不手際で嫌な気持ちを相手に与えたと考える視点を持つことが大切なのです。

自分たちがやるべきことをやっていないかもしれないのに、相手を嫌なヤツだと考えて自分がイライラするのは筋違いです。

常連のお客様ほど、また利用したいから〝しっかりやってほしい〟と考えてクレームを好意的に言うものです。

実は、**あなた（あなたの会社）は期待されている**のです。

他人の悪口を言うと、自分で自分の人生をつまらないものにしてしまう

得 する言い方

「社会の厳しさを学べている」
「次は喜んでもらえる仕事をしよう」

悔しかったら、同じことを言われない仕事をすればいい。この世に敵など存在しない。悪口を言わないようになると、嫌いなヤツがいなくなる。

損 する言い方

「上司からパワハラされた」
「あの客、文句ばかり言いやがって…」

叱られたり、文句を言われたりすると確かに悔しい。でも、そうなった原因は自分にあったのではないかと考えてみる。他人に対して敵対心を持つと、自分を苦しめることになる。

05

「やるじゃん」と上から目線でほめない

他人をほめるとストレスがゼロになる!?

私が出演しているYouTube番組の人生相談コーナーで、婚活中の女性から「異性を一生好きでいられるか、自信がないので結婚できない」という悩み相談がありました。

この女性が相手を一生好きでいられる自信が持てない最大の理由は、異性の嫌なところを知ると、どんどん点数が下がっていくためだそうです。参加した合コンで目の前にイケてる男性が現れても、お箸の持ち方がおかしいとか、話にオチがないとか、欠点を見つけて、相手に対する興味がどんどんなくなってしまうそうです。

そのため、合コンに参加しても毎回、帰り道で「今日もいい出会いがなかった」と独り言を言って嘆いているようです。その番組に出演する独身の女性陣も「わかる〜」と共感のコメントをしていたので、このようなことは婚活中の多くの女性が抱える共通した悩み

なのかもしれません。

私は、この婚活女性の悩みで一番気になった点があります。それは、相手のことを**〝減点法〟**で見ているところです。つまり、欠点ばかりを見ているということです。

もし、婚活必勝法があるとすれば、相手の悪いところに視点をおいて粗探《あらさが》しをするのではなく、**よい部分を重視する〝加点法〟を心がける**ことだと思います。

例えば、「お箸の持ち方はよくないかもしれないけど、すごく美味しそうにご飯を食べる、元気な人」「話にオチはないけど、この場を盛り上げようと頑張ってくれている、やさしい人」といった感じでしょうか。

特に、合コンという初対面の人との出会いの場では、どこを見るのかで、その時間の価値は大きく変わります。人のよいところだけを見るようにすると、よい出会いに気づき、その時間の価値が高まります。

さらに、**自分がよいと思ったところを〝ほめ言葉〟で相手にきちんと伝える**ことをおススメします。つまり、ほめ言葉は心に留めておくのではなくて、どんどん相手に伝えたほうが断然よいのです。ほめ言葉にして相手に伝えれば、相手を喜ばせることができるだけでなく、自分も相手に対してさらに興味や好感を持てるようになります。

当然ですが、ほめられた相手も悪い気はしませんし、あなたに対しても興味や好感を持つようになり、今度はあなたのよいところを見つけてほめてくれるようになります。

このように、**人の〝よいところだけ〟を見るようになると、自分の周りはいい人だらけになり、人間関係のストレスを一気に軽減できます。**

効果抜群のほめ方とは？

私が担当するコミュニケーションをテーマにした企業研修でも、ほめ言葉を相手に伝えることの大切さをお伝えしています。相手を言葉できちんとほめるようにすると、仕事をしていくなかで周囲の人とよい関係を築けるようになります。

ただ、研修後に受講者から「お話はわかりますが、毎日ほめるのは難しいと思います」と、ご意見をいただくことが少なくありません。

私もそうだと思います。仮に、毎日1個ずつ相手をほめようとしても、そう長くは続かず、そのうちにほめるネタが尽きてしまうでしょう。ほめるネタに困り、自分が思ってもいないことを無理やりほめ言葉として伝えても、それはほめ言葉ではなく、単なるおべんちゃらです。心にもない言葉はどうしても軽くなり、ほめられた本人にもまったくと言っ

てよいほど響きません。

そこで、毎日ほめ続けなくても、1回のほめ言葉で相手と良好な関係を築ける、コミュニケーションの伝家の宝刀とも言える効果抜群の方法があるので紹介します。

それは**〝自分が受けた影響力〟を、ほめ言葉として伝える**という方法です。

相手のよいところを見つけて、それをそのままほめるのではなくて、よい部分を見て自分がどんな気持ちになったのかを伝える、〝究極のほめ方〟なのです。

例えば、職場でいつも元気で明るく大きな声で爽やかに「おはようございます！」「ありがとうございます！」と、挨拶や感謝の言葉を周囲に伝えている新入社員の男性がいたとしましょう。彼に対して、ほめるとしたら「いつも元気で明るい」「挨拶や感謝の言葉をしっかり伝えられてよい」といった言葉をかけることが考えられます。でも、これだけでは不十分です。ほめ方が上から目線だからです。

そこで、この新入社員の行動を受けて、あなたがどう感じたのか、自分の気持ちをさらけ出してほしいのです。つまり、自分が受けた影響をほめ言葉にしてもらいたいのです。

例えば、次のようなほめ言葉を伝えてみましょう。

「〇〇君が、元気で明るく大きな声で爽やかに挨拶して、周囲の人に感謝しながら仕事をしている姿を見て私まで元気をもらっています。私自身が明るい気持ちにさせてもらっています」

どうでしょうか？

ポイントは、「**私まで元気をもらっている。明るい気持ちにさせてもらっている**」というように、相手のよい部分の影響を受けて自分の気持ちを素直に伝えているところです。こうすれば、上から目線のほめ方にもなりませんし、リスペクトの気持ちが伝わります。

こうした自分が受けた影響を表す言葉が特によい点は、ほめられたほうがものすごく嬉しい気持ちになることです。なぜなら、人間は、自分が相手にどれだけ影響を与えたかを知りたい生き物だからです。先ほどの新入社員の男性からすれば、「そうか、私の行動で目の前の人に元気と明るい気持ちを与えることができている」と、とても嬉しい気持ちになるわけです。

また、「こんなに人に喜んでもらえるなら、挨拶や感謝の言葉をもっと大切にしよう」と考えて、自らの成長意欲が高まることでしょう。

人は、**ほめられて自分の長所に気づき、自信を持てるようになる**のです。

＼「ほめる」とは、言葉の贈り物。

相手をどんどん嬉しい気持ちにさせよう！／

ほめ言葉は上から目線にならないように意識しよう。相手の行動を受けて、自分が感じた喜びや気づきを言葉にしてみよう。

損 する言い方

「やるじゃん！」

「よくやっているよ」

「なかなかやるな」

得 する言い方

「とても助かりました」

「私も見習いたいと思います」

「すごい！　私も嬉しい」


年下でも部下でも相手を尊重すること。そして、自分の気持ちをさらけ出すことこそが、良質なコミュニケーション。〝すぐに〟〝その場で〟相手にほめ言葉をどんどん伝えることを習慣にしよう。

第1章のまとめ

＼ 人間関係で
「損する言い方」「得する言い方」 ／

01

● 否定の言葉を使わない

損する言い方「お待ちいただかないと、対応できません」
得する言い方「お待ちいただくと、対応できます」

02

● 後ろ向きにならない

損する言い方「難しいです」「ハードルが高いです」
得する言い方「やりがいがありますね」「この問題は奥が深い」

03

● 自分にダメ出しをしない

損する言い方「今さらやれない」「どうせやってもムダ」
得する言い方「今こそやってみる」「次はうまくいく」

04

● 悪口をやめる

損する言い方「あの客、文句ばかり言いやがって…」
得する言い方「次は喜んでもらえる仕事をしよう」

05

● 上から目線でほめない

損する言い方「やるじゃん！」「なかなかやるな」
得する言い方「すごい！」「私も見習いたいと思います」

第2章

嫌なヤツや苦手な人を相手にするときのイライラや怒りを消す言葉の変え方

06

「誰もわかってくれない」と腐らない

他人の評価を気にしすぎない

あなたは、どんなときにイライラしたり、落ち込んだりしますか?

過去の私は、自分のことを評価してくれない人や、自分のことをわかってくれない人を〝嫌なヤツ〟と考えて、彼らと接するとイライラすることが多かったです。そればかりか、「誰もわかってくれない」と落ち込んで、何に対しても意欲がわかないということもありました。

今だから言えることですが、私は当時、〝他人から自分はどう見られているか?〟を常に気にしながら日々を過ごしていたのです。特に、社会に出て最初の数年は営業の仕事をしていたので、常に売上・数字を上げて結果を出すことだけを考えていました。〝この契約を獲得したら自分の評価は上がるはず〟というのが、私の中で仕事のモチベーションに

なっていました。

ですから、人事査定で自分が考えていたような評価をもらえず、ほめられるどころかダメ出しばかりされたときには、「なぜ評価してくれない⁉」「頑張って損した！」とイライラしたり、落ち込んだりしたものです。

そんな状況のある日、社歴が3年上の先輩が飲みに連れて行ってくれて、次のような話をしてくれました。

「評価されていないと腐るのではなく、評価されていないうちに実力をつけろ！　お金や見返りを求めると結果が出なかったときに落ち込むから、結果も気にするな！」

この先輩は、社内でトップの成績をたたき出して頼りになる憧れの存在でした。そんな誰からも評価されている先輩の「**他人の評価と結果を気にするな**」という内容の言葉は、私にとってとても意外なものでした。そして、「**必要なことは実力をつけること**」というアドバイスは、私の仕事への考え方を大きく方向転換させてくれるものでした。

私が実力をつけるために重視したのは、〝**仕事に取り組む姿勢**〟と〝**自分の成長**〟でし

た。「この仕事に対して、しっかり準備することができたか？」「大変な仕事だったけど、よい経験ができた」という〝他人による評価と結果以外の部分〟を重視したのです。「自分がどれだけ本気で取り組んだか？」「この仕事で手に入れた経験は何か？」に対して目を向けるようにしました。つまり、**自分の心の充足感を大切にした**のです。

そうすることで、仮に結果につながらなかったとしても、それほど落ち込まなくなりました。なぜなら、自分自身で絶対的な評価を行なっているからです。

独立後の私に取引先の経営者たちは、口を揃えて「自分の評価とお金ばかり気にする従業員は、会社の経営がピンチになったときに逃げるように会社を辞めていくから、大事なポストに就けられない。目の前の仕事に没頭して取り組み、評価や見返りを求めてこない人間が一番信用できるので、大事なポストに引き上げるようにしています」と言います。優れた経営者たちは、従業員のことをしっかり見ているのです。

〝できている部分だけ〟を見る習慣を身につける

私はフジテレビ系列の番組『ホンマでっか!? TV』に企業クレーム評論家として出演

しています。番組の出演者は司会の明石家《あかしや》さんまさんをはじめ、超人気タレントの方ばかり、また私以外の評論家は各分野の第一人者の先生方なので、毎回とても緊張して収録に臨んでいます。正直に言うと、どんなにしっかり準備をしても本番では極度に緊張してしまい、収録で一度たりとも、うまく話せたことなんてありません（笑）。

　同番組の収録後、テレビ局から家に帰るまでは地獄の時間です。本当に落ち込むのです。「あのコメントの伝え方がよくなかった」「さんまさんにせっかく話を振ってもらえたのに、気の利いた返しができなかった」など、まったくダメダメだったと絶望感でいっぱいになることがほとんどです。そのため、帰宅中に「よい経験ができた。自分の成長につながった」と自分でよい評価ができることは稀です。

　しかし、家に到着するころの私は、次の出演に向けて密かに心を燃やしています。どうして、そんな短時間で心境の変化が起こると思いますか？

　なぜかと言えば、自分で自分を評価するだけでなく、もう1つ必ず実践していることがあるからです。

　それは、**積極的に自分自身を認める**ようにしていることです。「**ここはよかった**」「**よい点があった**」と自分で自分にＯＫを出して、自分をほめるようにしています。

　自分が描く理想とかけ離れた状態にいると、「自分は全然ダメだ」と落ち込んでしまう

ことがあるでしょう。だからこそ、**ダメな部分よりも今できていることに目を向けることが重要なのです。そうすれば、落ち込む時間を短くすることができます。**

プレッシャーがかかるときなどに気分が楽になる言葉として、**「ここは50点でよし！」を口癖にすることをオススメしています。**「50点しか取れてない」ではなく、「50点も取った」と考えるようにしてください。例えば、私の番組の収録の例では、時を戻すことはできません。だからこそ、「あのコメントに、さんまさんがちょっとだけ笑ってくれた」「話を振っていただいたということは、信用されているのかもしれない」と、勘違いレベルでも構わないので、「50点も取った」と自分を認めるのです。

なぜ50点なのかと言うと、「次に、残りの50点をどう取るのか？」というように自分の課題を考えるためです。このように考えれば、「よし！　また出演のチャンスをもらったら、次はうまくできる!!」という気持ちになります。

明石家さんまさんの名言に「**落ち込むということは、自分のことを過大評価している証拠**」がありますが、自分自身を過大評価せず、自分ができている部分を見つけて「50点でよし！」と考える習慣を身につければ、凹《へこ》むことが少なくなります。

自分の人生の評価を他人に委ねない。
自分自身でよい評価をする

得
する言い方

「自分はこれでよい！」

「ここはできた」

「この部分は50点も取った」


自分ができた部分を見つけて自分を認めることにより、焦りや落ち込みなどの負の感情を〝自信〟に変えよう！

損
する言い方

「私は評価されていない…」

「誰もわかってくれない…」


評価されなくて「頑張って損した」とは考えない。「他人の評価に落ち込んで、ムダな時間を過ごして損した」と考えるようにしよう。

07

嫌なことがあっても「ありえない!!」と腹を立てない

他人に〝依存〟しないで、自分が〝主導権〟を握る

あなたの周りには、ムカつく上司はいますか?

私が会社員時代に直属の上司で好きだった人は、実は一人しかいません。

会社組織で仕事をしているときの最大のストレスの原因は、上司との関係ではないでしょうか。私は上司が嫌いで嫌いで、会社を辞めようと思ったことが何度もありました。

でも30代半ばのころ、会社を辞めたいと思い詰めていたときに気づいたことがあります。

それは転職しても、その転職先で好きな上司と出会える可能性はほとんどないということでした。経験上、理想の上司と出会える確率がどれほど低いのかは自分が一番よく知っていたので、理想の上司に出会うために転職するなんてバカらしいと思いました。

そのときに私が出した答えは、「**他人に振り回されるのではなく、自分の人生は自分が主導権を握る必要がある**」というものでした。

そして、「上司に腹を立てたり、ストレスを感じたりしないためにはどうすればいいのか？」と考えるようにしました。自分の焦りや不満を上司のせいにするのではなく、自分の心の問題と捉え、その解決策を模索しました。

そのときにわかったことがあります。私は上司に**〝期待しすぎていたこと〟が焦りや不満の大きな原因だった**ということです。つまり、自分の頭の中で〝理想の上司像〟を勝手に思い浮かべて、その理想と現実のギャップに一人で腹を立てていたのです。

仕事ができて常に優しく笑顔で接してくれて、丁寧に指導もしてくれて自分を成長させてくれる——。それが上司としてあるべき姿だと、私は思い込んでいたわけです。上司に期待ばかりして、「依存している自分がいた」とも言えます。

その後、上司に期待ばかりするのではなく、自分から学ぶ気持ちを持つようにして、上司から学べることや自分の成長のために参考にできそうな上司のよい部分を探して見つけたら、自分のものにすることを徹底しました。

自分より上司のすごいところを見つけて存在を認めるようにすると、案外、嫌な気持ち

も消えるのではないかと考えたわけです。

それからは嫌いな上司から飲み会に誘われても断らず、学べるよい機会と捉えて一緒の時間を過ごすようになりました。そうしたことを半年ぐらい続けたところ、ものすごいことに気づいてしまいました。

それは、その上司から学べることや、自分の成長のために参考にできそうなよい部分が1つもなかった、ということでした（笑）。

「この上司、超がつくぐらいダメダメ男だった」と結論づけたのです。その上司からは、会社の愚痴しか聞いたことがありません。「社長は無能だ」「給料が上がらない」「人が足りないから自分ばかり仕事を増やされる」――、これらが口癖だったのです。一緒にいても気持ちが暗くなるだけでした。

そこで、私はその上司を反面教師にしました。つまり、〝あんな上司みたいな人間になりたくない〟と考えて、「自分は会社の愚痴を言うような人間にはならない」と心に決めたのです。

人間は、自分の期待どおりにならないと腹を立てる生き物です。したがって、腹を立て

たり、ストレスを抱えたりしないようにするためには、**期待することをやめて、自分が〝主導権〟を握り、どう考えて、どう行動するかが大切**なのです。

嫌なことがあったときは〝自問自答〟する

私が嫌いな人や苦手な人との付き合いで悩まず、腹も立てないようになったのは、次のことを実践するようになってからです。

嫌いな人や苦手な人から**嫌なことをされたときには「自分への問いと考える」**と、心に決めたのです。そして、「こんな嫌なことをされた！　ホントにムカつく!!」という言葉を自分の中でＮＧワードにするとともに、「こんなことが起きた。これをどう捉える？」と、自問自答するようにしています。こうするほうが、相手に腹を立てることなく、毎日楽しく過ごせることに気づいたからです。

もし、私が先ほど紹介したダメダメ上司と同じように、「給料が上がらない」「自分ばかり仕事を増やされる」といった愚痴をこぼしたくなったら、それを自分への質問に変えて「なぜ、今そうなのか？」「どうすれば、この状況を変えられるか？」と考えます。

例えば、「給料が上がらない」という厳しい現実に対しては給料が低いことを会社のせ

いにするのではなく、「自分がどう変われば、給料が上がるのか？」を考えるよいきっかけにします。

私は、〝**お金は人を笑顔にした分が手元に来るもの**〟と考えています。そのため、「自分がどう変われば、給料が上がるのか？」という問いについては、「仕事を通じて自分は何をすれば、周囲の人を笑顔にできるのか？」に置き換えて考え、人を笑顔にするために必要なことに全力で取り組みます。

また、「自分ばかり仕事を増やされる」と嘆くなら、その状態から抜け出すために仕事の優先順位を見直すよい機会と捉えます。優先順位を立てて、今までの半分の時間でできるように業務を改善します。これを自分が実現できるようになると、今度はその方法を部下にも教えることができ、会社でも稀有な存在になります。そうなれば、会社の社長を笑顔にすることもでき、自分の給料も一気に上がるのではないでしょうか。

私は、**腹が立つことや、愚痴を言いたくなることの中には、やるべきことや、周囲から求められていることが存在している**と考えています。他人や環境に対して愚痴を言いたくなったときこそ、どう行動するかがあなたの人生を大きく変える転機になるのです。

他人に腹を立てたら負け。すべてが自分の乗り越えるべき課題だと考える

損する言い方

「ムカつく！」
「ありえない!!」

腹を立てたり、イライラしたりしていることは時間の浪費。人生は感情のゲームと捉え、ストレスフリーで過ごせるように考える。

得する言い方

「ここから自分は何を学ぶか？」
「自分のやるべきことは何か？」

目の前で起きたことの意味づけを自分で行なう。他人に振り回されずに、やるべきことを見つけて、1つひとつ課題を乗り越えていく。

08

「こんなの簡単だぞ」と、マウントをとってはいけない

部下は偉そうな言葉をかける上司に反発する

あなたは、自分のことを優れた人間だと思っていますか？

会社員時代の私は、自分のことをとても優秀な人間だと思っていました（恥）。営業でよい結果を出していた時期は、とても調子に乗っていました。

社歴が長くなるにつれて、後輩や部下に対して偉そうな態度をとり、高圧的な指示や命令をしていました。いわゆるパワハラ的なコミュニケーションをとっていたのです。

また、自分の指示や命令に従わない部下や後輩に対しては、「わがままで嫌なヤツだ」と考えて、見下したような態度をとっていました。

そんな私に転機が訪れます。

人事異動で、それまでとは別の商品を取り扱う営業部に管理職として配属されたのです。営業経験を活かすことはできるものの、商品知識や仕事の進め方が大きく異なる新しい環境で責任者として部下を持つようになったわけです。

当然ですが、部下のほうが私よりも現場をよく知っていて経験も豊富です。しかし、私はそれを受け入れようとせず、また現場のことを学ぼうともせず、偉そうな態度をとり続けていました。本当に、どうしようもない上司だったのです。

この部署で直属の部下の一人、A君は入社5年目の男性社員でしたが、私の指示に対していつも反抗的な態度をとっていました。それに腹を立てていた私は事あるごとに、彼の態度や仕事ぶりについて、「なぜ、できない？」「こんなの簡単だぞ」「何回も言っているけど…」というように感情的な口調で指導していました。

すると、A君は「なぜ、できない？」に対しては「特にご指導いただかなかったので」と言い訳し、「こんなの簡単だぞ」に対しては「私には難しいです」と返し、「何回も言っているけど…」に対しては「いつと、いつですか？」と、逆に質問してくる始末。

あるとき、同じ部署の管理職の同僚に「どうして、A君はいつもあんなに反抗的なんだろうか？」と聞いたことがあります。すると、同僚は驚いたように「えっ！　A君は素直で仕事もできるし、すごい優秀だと思うよ」と言った後、彼が今まで出してきた成果や仕

事ぶりについて語り始め、部署内での評価の高さを教えてくれました。それは、私が持っていたA君の印象とはまったく逆の評価でした。

信じられないという顔をしていた私に対して、その同僚は「谷君は管理職を〝役職〟だと考えて、自分が上の立場に立とうとしているように思うよ。管理職は〝役割〟というものだと意識して、部署のメンバーが少しでも仕事をしやすい環境を整えることを考えてみれば」とアドバイスもしてくれました。

〝役職〟ではなくて〝役割〟、そんなことを考えたことはありませんでした。

私は、社歴が長い管理職である自分のほうがA君よりも上の立場で偉いと勘違いして、A君を怒ったり叱ったりして自分の思いどおりに動かそうとしました。さらに、反抗的な態度をとったA君のことを「わがままで嫌なヤツだ」と勝手に思い込んでいました。

私は自分の社歴が浅いころに上司から怒られることが多かったためか、上司が部下を怒ったり叱ったりすることが当たり前だと考えていたのです。

同僚の管理職からのアドバイスによって、威圧的な態度で部下を指導することは、一番レベルの低い上司であり、また私と同じように部下も嫌な気持ちになるので負の連鎖でしかないと気づきました。

周りの人を輝かせることで自分が輝ける

実際に普段のＡ君の仕事ぶりや職場の同僚とのコミュニケーションの様子をよく見ると、いつも笑顔を絶やさず、楽しそうに仕事をしていました。それは、私に対して反抗的な態度をとり、〝わがままで嫌なヤツだ〟と思っていた私の印象とは確かに違いました。

同僚の管理職からのアドバイスを受け入れ、自分は部下が仕事をしやすい環境を整える〝役割〟を果たさなければいけないと考え方を変え、あるとき、Ａ君に「この商品を新規の客にプレゼンするときに困ることはある？」と質問しました。

そのとき、Ａ君は少し驚いた顔をしましたが、「商品のデメリットの部分をお客様が気にされると、なかなか受注につながりません」と、とても素直に営業で苦戦していることを私に打ち明けてくれました。

以前の私なら「そんなの簡単なことだ」とマウントをとり、どうやればよいのかについて武勇伝《ぶゆうでん》を交えて自慢げに話していたと思いますが、このときはグッと我慢して「もし、そうならない方法があるとしたら、先にデメリットの部分をしっかり説明してから、最後に一番のメリットの部分を説明すると、お客様の商品への印象が変わると思うんだけど、

どうかな？」と**上から目線にならない**ようにとても気をつけながら話しました。

そうすると、A君は私の話をすぐにメモしながら「確かにそうですね。そうか、メリットの部分ばかりを強調するから、お客様はデメリットの部分を隠されているみたいに感じて不安になっていたのですね。勉強になります」と、目を輝かせながら喜んでくれました。

A君の笑顔を見て、自分がとても嬉しくなったことを今でもよく覚えています。

それからは、今までの関係がウソのようにA君は私を頼ってくれて、さらに営業マンとしての実力をつけ、その後の活躍は目覚ましいものでした。彼が社内で表彰される場があり、そのスピーチでなんと「今回の結果は谷さんのおかげです。うちに異動で来てくださって、ありがとうございました」と話してくれて、私は嬉しくて号泣《ごうきゅう》しました。

仕事で嬉し涙を流したのは後にも先にも、このときだけです。そして、自分のすごさをアピールし、**上の立場に立とうとするのをやめ、部下や後輩など周りの人を輝かせようとしたことで、自分が輝くことになる**ということを強烈に認識することができました。この経験から学んだことを、私の人生の教訓として今も常に実践するよう心がけています。

部下や後輩に成長を促す言葉を意識する。自分の考えを相手に押しつけない

部下や後輩に舐められたくないと考えて、偉そうにマウントをとるような言葉は禁句。自分の有能さをアピールする言葉では人は動かない。

損 する言い方

「なぜ、できない？」

「こんなの簡単だぞ」

得 する言い方

「何か困っていることはある？」

「ここを改善するとよくなると思うけど、どうかな？」

部下や後輩には質問をして自分で考えるようになってもらい、手助けになるようなアドバイスをする。その際、上から目線で押しつけるのではなく、納得して行動してもらえるように心がける。

09

「それは間違っている」と自分の価値観を相手に押しつけない

自分ではなく、相手の立場に立って話す

あなたは、自分の話を相手にきちんと理解してもらえる努力をしていますか？

私が独立してクレーム・コンサルタントになった後、ＩＴ企業からクレーム対応研修のご依頼をいただき、先方の担当者と打ち合わせをする機会がありました。

その打ち合わせの最後に、担当者から次のように言われました。

「提案のバジェット（予算）が適正かどうかを私どもの社内ブレーン（決裁者）にチェック（確認）とコンセンサス（合意）をとりますが、研修はマスト（やらなければいけない）と考えています」

この担当者の話を、私はまったく理解することができませんでした。

コミュニケーションで最も重要なことは、〝相手に伝わる〟かどうかです。この担当者の話は〝伝える〟だけになっていて、〝伝わる〟ことを意識していないのが問題です。

〝伝える〟の場合は発信した時点で目的が達成されますが、〝伝わる〟の場合は相手が理解したうえで行動に移してくれるかどうかがポイントになります。

例えば、部下に仕事を依頼するときに「この仕事は、あなたが担当してください」だけではまったく伝わらず、部下は動きません。仕事を依頼するときには「①なぜ、それをあなたにお願いするのか〈**背景**〉」「②それをやることで誰が幸せに（楽に）なるのか〈**目的**〉」「③どうやればよいのか。気をつけるべきことは何か〈**やり方**〉」「④これをやることでどうなるのか〈**ゴール**〉」の４つのことを伝えなければ相手に伝わりません。

私がお客様相談室の責任者をしていた時代に、「クレーム対応は怖い」と言って、かかってきた電話を取ろうとしない若手社員の部下がいました。

でも、仕事に前向きではない部下に対して腹を立て、「仕事だろ！　怖いとか言うな！」と叱ったところで、その若手社員の心と行動を変えることはできないでしょう。

そこで、私はその部下に対して、次のように伝えました。

「①クレームの場合、お客様が怒って電話をしてくるので怖いと思う気持ちはよく理解できる。でも、クレームは、お客様が怒っているのではなく、困っていると考えてほしい。あなたには、お客様が何に困っているかを聴いて自分たちに何ができるかを見つけてほしい〈**背景**〉。②クレーム対応はある意味、人助けと同じだと考えてみてはどうかな〈**目的**〉？③具体的に言えば解決しようとするより、メモを取りながらしっかりお客様の話を聴いて理解しようとすると、お客様がどんどん落ち着いていくはずだよ〈**やり方**〉。④クレーム対応は確かに誰でもやりたくないと思っている仕事。だからこそ、これができるようになると、あなたの社内での評価が上がり、コミュニケーション能力も飛躍的に向上すると思うよ〈**ゴール**〉」

すると、部下は「はい、やってみます。気持ちが楽になりました」と言って、クレーム対応にしっかり取り組むようになってくれました。

自分の言いたいことをただ伝えるのではなく、相手にどう言えば気持ちよく行動してくれるか、〝伝わる〟コミュニケーションを意識するようにしてみてください。

「クソ」という言葉で何でも片づける人は〝井の中の蛙〟!?

毎年、ある企業の若手社員を対象としたクレーム対応研修に登壇しているのですが、この企業の社員の方々と話していると「うちの会社のルール、クソなんですよ」「職場の雰囲気がクソみたいで…」と、いつも「**クソ**」という表現を多用します。

これは、ＳＮＳ社会の弊害だと感じています。今の世の中には、自分の好きなことや、興味があることだけを追いかけ、同じ趣味や自分と同じ考えの人とコミュニティをつくる風潮があります。そのため、自分の価値観とは違う会社で決められたルールや自分とは考えが違う人とのコミュニケーションを苦痛に感じ、すべてが自分にとって意味がないことのように思い込んで「クソ」という言葉で片づけてしまう人が多いのです。

「職場の雰囲気のどこがクソなの？」と彼らに聞いてみると、どこがダメなのか、嫌なのかをきちんと答えられません。自分の価値観以外を受け入れられない考え方が、悪い癖として身についてしまっています。

この企業では、クレーム対応研修後に、フォロー研修として実際にクレーム対応を行なってみてどうだったのか、感想を共有する時間が設けられたのですが、やっぱりクレームを言ってきたお客様のことを〝クソ呼ばわり〟するのです。

「クソみたいなことで怒るんですよ」「ふつう、これくらいでクレームを言わないですよ。クソですね」と、「お客が言うことは、すべて間違っている」とほぼ全員が口を揃えて言います。

私もお客様相談室時代に、〝このお客さんが言っていることは間違っている〟と考えて、不満タラタラで対応して、クレームをしてきたお客様をさらに怒らせてしまった経験があります。でも途中で、自分が感情的になってしまう理由に気づきました。それは、〝相手が間違っている〟＝〝自分が正しい〟と思い込んでいるからです。なぜ、自分が正しいと考えるかと言えば、自分の価値観や物差しだけで物事を捉えているためです。

ここで必要なことは、**〝相手が間違っている〟と考えるのではなく、〝自分とは違う考え方がある〟と捉え、他人の考えを受け止めるようになる**ことです。仕事上で相手に対してイライラしたり、〝嫌なヤツばかりでクソだな〟と言ってしまったりする人は相手の価値観や考えを受け入れる度量がないのです。

周囲の人と良好な人間関係を築くには、自分とは違う考え方や価値観に触れて、自分の考え方がすべてではないことを認識する必要があります。

自分とは違う考え方や価値観を受け入れると、人は成長できる

自分が知らないこと、経験していないことを「嫌い」というひと言で片づけない。「苦手」「興味がない」も「嫌い」と同じ。「それって、面白いんですか？」と興味を持って相手に聞いてみる。

損する言い方

「自分はそう思わない。そんな考えはクソだ」
「それは、間違った考えだ」

得する言い方

「そのような考え方があるのか⁉」
「そういう風に考える人もいるのか⁉」

仮に、自分には受け入れられない意見があったとしても、「そういうお考えであることは、よく理解しました。ここからは私の考えですが…」というように、相手の考えを一旦受け入れてから自分の考えを伝える。

10

「嫌われたくない」と他人の批判を恐れない

何をやっても批判やクレームは起きる

あなたは周りの人から好かれたいですか？

私はできれば、誰からも好かれたいと思っています。でも、**どんなに頑張っても人から嫌われることが必ずある**ということは、わかっています。

私は京都府出身です。そのため、講演では関西弁で話をしています。講演が終了した後に参加者に記入してもらうアンケートの回答には、「バラエティ番組みたいで面白かった！」というコメントがある一方で、「関西弁が嫌いです。とても不快だった」といったコメントもあります。

こうしたコメントを見るたびに落ち込んでいましたが、苦い経験は人を強くするもので

す。この経験を繰り返すなかで、私は〝嫌われることは必ずある〟と考えるようになったのです。もっと言うと、〝**嫌われても構わない**〟と思うようにもなりました。

なぜ、そう思うことができるようになったのでしょうか？〝**自分の軸をなくしたくない**〟と考えたからです。好かれようとしてフラフラと自分を変えたくない、自分の個性やキャラ（キャラクター）を大切にしたいと思ったからです。

何をやっても批判は起き、嫌われることはあると覚悟を決めておくことで、自分がブレないように心がけているのです。こうすれば、ストレスゼロです。

ただ一方で、他人からの意見にまったく耳を貸さないということではありません。私はクレーム対応の講演では、「クレームはアドバイスです」と伝えています。クレームから学べることがあるので、仕事のやり方を変えるきっかけにしてみようとも言っています。

クレームの専門家として仕事をしてきて気づいたことがあります。それは、発生するクレームのうち全体の10％のクレームはとんでもないほど、よい意見なのです。とても有益な批判があるのです。

過去の講演の後に実施したアンケートの回答で、「クレーム対応でやるべきことはわかったが、何をやってはいけないかを知りたかった」というコメントがありました。

この視点は、当時の私にはありませんでした。「こうやれば、うまくいく」という話を聞きたい人もいれば、「これをやっちゃダメ」ということを知りたい人もいるのだと学ぶことができたのです。

これがきっかけで、本当は話したくなかった、私がお客様を怒らせてしまった〝しくじったクレーム対応〟を失敗談として、これでもかと話すようになりました。その結果、講演会場での笑いの回数が増え、アンケートの回答にも「勇気をもらった」「よくぞ教えてくれた」などの好意的な意見も劇的に増え、口コミだけで全国から講演のご依頼をいただけるようになったのです。

あえて〝空気を読まない〟ことも必要

この本を書くにあたって、コミュニケーションが苦手という20代～30代の会社員の方々を中心に取材をお願いして話を伺ってきました。

そうした取材から、**コミュニケーションが苦手な人の共通点の1つとして、嫌われることを非常に恐れている人や、周りに無理やり合わせようとしている人がとても多い**という実態がわかりました。

嫌われることを恐れたり、周りに合わせたりする理由として、彼らは「傷つきたくない」とか、「組織内で変な目立ち方をしたくない」と答えます。確かに会社組織では、波風立てずに社内の雰囲気に合わせられる人が必要とされることもあるでしょう。でも、そのような人は、〝何か嫌だなー〟と思いながら流されているだけかもしれません。

昨今、空気を読める人が正しくて、嫌われない世の中になっているような気がしています。でも、これはとても危険な風潮です。なぜなら、コミュニケーションの軸が人に嫌われないことになってしまっているからです。

人に嫌われたくないという過度な恐怖心が、コミュニケーションを苦手にしているのではないでしょうか。これでは常に自分を犠牲にして我慢することが増えるので、ストレスが溜まってしまいます。我慢ばかりの毎日なんて、楽しいはずがありません。

では、どうすればよいのでしょうか？

私は**〝あえて空気を読まない意識〟を持つ**ことをおススメしています。

もし、「仕事は大変でつらいのが当たり前だ」と考えている上司がいるなら、あなたは「目の前の仕事をいかに楽しむか？」を常に考えて行動するようにしてください。周りが暗いなら、あなただけでも光り輝くようにしてもらいたいのです。嫌われたくないと考えてス

トレスを抱えてイライラするのではなく、あえて空気を読まずに自分だけは笑ってキラキラすることを実践するようにしてはどうでしょうか。

例えば、タクシーに乗ると、行き先を告げても返事をしないような愛想の悪い運転手さんが結構います。そうしたときに、「返事ぐらいしろよ！」と文句を言ったところでトラブルになるかもしれませんし、お互いに嫌な気持ちになるだけでしょう。誰も幸せになりません。

私はそんな運転手さんに遭遇したら、行き先に到着したときの支払いで千円札を運転手さんに渡しながら**「ありがとうございます！　お釣りはいりません‼」と最高の笑顔で伝える**ようにしています。タクシー代は９９０円なのですが（笑）、最初は面喰らっていた運転手さんも「あっ！　ありがとうございます。お忘れ物がないように」と、まるで別人のようにニコニコしながら千円札を受け取ります。

おそらくですが、こうした運転手さんは次のお客さんが乗ってきたときにはニコニコして接客すると思います。まさに〝**笑顔の襷《たすき》リレー**〟の完成です。

あえて空気を読まないようにする場合、ほんの少しの勇気が必要です。想像した反応が相手から返ってこないケースもあるかもしれません。でも、嫌われることを恐れて何もしないより、はるかに楽しい気持ちで過ごせる時間が増えるようになります。

嫌われることを恐れると、あなたらしさがなくなってしまう

批判やクレームを恐れると、ずっと気持ちが暗くなる。他人にどう思われようが関係ない。他人の目を気にせず、自由に生きてみよう。

損 する言い方

「嫌われたくない」
「クレームを言われたくない」

得 する言い方

「嫌われても大丈夫」
「クレームから学べることは、たくさんある」

あえて空気を読まないスキルを持つと、随分楽に生きられるようになる。もし、誰かからケチをつけられても、自分にとってプラスになるアドバイスだと思えたことだけを改めるようにしてもいい。

11

「関わりたくない」と苦手な人から目を背けない

苦手と思うことの中に楽しみを見つける

私はやりたくないことに出くわすと、「生きるのがつらい」と口癖のようにつぶやいていました。

あるお仕事の現場で、ＡＩの専門家の方とお会いする機会がありました。ご存知のように、「ＡＩが発達すると、人間の仕事がたくさん失われていく」と言われています。その方と会話を交わしたなかで、とても印象に残っていることがあります。

それは、そのＡＩの専門家の方が「目先のお金や安定にしがみつき、仕事を嫌々我慢してやっている人は必要とされなくなり、会社から与えられたことだけしかやらない人は確実に仕事がなくなっていく」と仰ったことです。また、「『テレワークで通勤時間がなくなり、楽になった』と言って家でゲームばかりしている人や、『今の時期は暇だから周りの

人も大した仕事をしていない』と流されて生産性のない時間を過ごしている人から路頭に迷っていく時代になる」と断言されていました。

つまり、**人が見ていなくても自分を律して全力で仕事に取り組まないと、これからは生き残れない**ということです。

また、その話を聞いた後、私が「では、どんな人がこれから生き残れるのか？」と質問すると、その方は「苦手だと思う仕事を楽しくできる人」と教えてくれました。

誰もが何となく避けたがることを愚痴も言わずに楽しく取り組むことができる人が、重宝されるようになるというのです。少し意外な答えでしたが、私は〝確かに、そうかもしれない〟と、非常に納得したことを覚えています。

大事なのは〝**楽しく**〟という部分です。ＡＩが発達しても、面倒な仕事や苦手な人との人間関係がなくなることはないでしょう。そうであれば、仕事をしていくなかで「**嫌だ**」**「つらい」「逃げたい」という気持ちになる時間が短ければ短いほど、心地よい充実した時間を過ごせる**ようになります。

例えば、私が専門としているクレームやトラブルの対応は、おそらく誰もが苦手と思う仕事なのかもしれません。ただ、私は〝お客様のお困り事を解決する価値ある仕事〟だと

考えるようになってからは、嫌な思いもせず「生きるのがつらい」とつぶやくこともなくなりました。

では、どうすれば苦手なことや逃げたいと思う仕事を、意義や価値ある仕事へと自分で認識を変えていく習慣を身につけることができるのでしょうか？

その一例を紹介しましょう。取引先の社長さんで元々はミュージシャンだったのですが、音楽をあきらめてサラリーマンに転身したという方の話です。

営業マンとしての下積み時代のエピソードがとても興味深いのですが、彼は上司から叱られたときには「プロデューサーがよい楽曲を提供してくれた」と喜ぶようにし、その上司から残業や休日出勤を頼まれたときにも、「俺はやっとブレークした」「またアンコールをもらった」と奥さんに話していたそうです（笑）。**使う言葉によって、物事の解釈を大きくポジティブに変えられることは、とても重要な能力**だと言えます。

苦手な人とのストレスフリーな付き合い方

苦手なことへの解釈を変える方法は仕事だけでなく、苦手な人と接するときにも活用することができます。

あなたの周りで、自分が特に苦手だと思う人はどんな人ですか？

ちなみに私は、会社員時代に〝言葉が通じない（理解しようとしない）上司〟と〝本当に苦手な部下〟との出会いによって、いろいろな面で随分と鍛えてもらいました。


言葉が通じない上司に対する私の不満は、仕事の進捗状況や売上見込みをしつこく聞かれることでした。その上司にも進捗状況の報告はしていたと思うのですが、それでもしつこく確認してくるのです。こうした状況で、「しつこくて嫌な上司」を「いつも気にかけてくれている上司」というように表現を変えることもできるかもしれませんが、私は報告の仕方を変えました。

その上司からしつこく進捗状況を確認される原因は、「問題なく順調に推移しています」「月末には目標数字は達成できます」という私の意見だけを伝えてしまっていることでした。おそらく、その上司は、根拠や具体的な数字が私の口から出てこないということ、つまり明らかに**事実情報が不足していることで不安になっていた**のです。

これに気づいた私は、「先方からも『順調に進んでいますね』というお言葉を頂戴しています」「目標数字の80％は獲得できており、見込みの3社のうち1社の発注が決まると目標数字は達成します」という内容を伝えるようにしたところ、その後、上司からしつこ

く進捗状況を確認されることはなくなりました。

自分の意見を伝えて相手（上司）を説得するのではなく、〝根拠〟と〝数字〟をしっかり伝えることで納得を得るコミュニケーションスキルを身につけることができたのです。

一方、苦手な部下に関しては、「関わりたくない」と周囲に言っていたぐらい本当に苦手だったので、例の音楽をあきらめてサラリーマンに転身した社長さんに相談しました。

「どこがムカつくのか？」と聞かれたので、「私への報告でウソをつくことがあります。それと、売上が上がってもいないのにデスクでキョロキョロして落ち着きもないのですよ。ホント、最悪だと思いませんか？」と同意を求めたところ、「なるほど、でもウソをつくのは、彼に守りたい自分のプライドがあるからでしょう。それと、キョロキョロしているのは、人には見えない何かが見えているのではないのだろうかと笑い飛ばすぐらいの度量を持ったほうがいいですよ」と真顔でアドバイスをしてくれました（笑）。

つまり、**相手に対して嫌な感情を持たないためには、相手を変えようとせずに自分の相手に対する評価の仕方を変える必要がある**ということを指摘してくれたのです。ですから、苦手な相手との出会いは、自分が大きく変われるチャンスだと考えましょう。

苦手な人もつらい出来事もよい面を探してみる。物事の見方次第で不幸は幸せに変わる

幸せに生きるためには、ぶっちゃけてはいけないことがある。不幸だと思う時間から幸せを見つける習慣をつくる。

損 する言い方

「あの人と関わりたくない」
「マジ、無理です。やりたくないです」

得 する言い方

「自分が変わるためのきっかけかもしれない」
「やってみたら意外と楽しいかも」

「苦しい」「嫌だ」を「楽しい」「チャンスだ」に変えられる人だけが幸せに生きられる。よい気分で人生を過ごせるかどうかは使う言葉次第だと心得る。

第2章のまとめ

＼ 負の感情を抱いたときに「損する言い方」「得する言い方」 ／

06
● 評価されなくても腐らない
損する言い方「誰もわかってくれない…」
得する言い方「自分はこれでよい！」

07
● 嫌なことがあっても他人に腹を立てない
損する言い方「ありえない!!」
得する言い方「ここから自分は何を学ぶか？」

08
● マウントをとってはいけない
損する言い方「なぜ、できない？」
得する言い方「ここを改善するとよくなると思うけど、どう？」

09
● 自分の価値観を相手に押しつけない
損する言い方「自分はそう思わない。そんな考えはクソだ」
得する言い方「そのような考え方があるのか⁉」

10
● 他人の批判を恐れない
損する言い方「嫌われたくない」
得する言い方「嫌われても大丈夫」

11
● 苦手な人から目を背けない
損する言い方「あの人と関わりたくない」
得する言い方「自分が変わるためのきっかけかもしれない」

第3章

ぶっちゃけると、
好感度が一気に上がる

12

「大丈夫です。自分でやります」と強がりを言わない

本当に強いのは「助けてください」と素直に言える人

会社員時代の私は、完璧な人間をめざしていました。カリスマ性で人を魅了する、そんな人に憧れを持っていました。ベストセラーのビジネス書を読み漁《あさ》り、カリスマ著者たちが紹介していることのすべてを実践するようにもしていました。

クレームの専門家として独立することを決めた私が、最初に実現させたいと考えたことは自分の本を出版することでした。カリスマ著者たちと親しくなって、ベストセラー本を書く秘訣について教えてもらおうとして、彼らの講演会や出版パーティーによく参加しました。そこで、とても驚いたことがあります。

実際にお会いしたカリスマ著者たちは、意外にもカリスマ性がないのです（笑）。どこか力の抜けた自然体で穏やかな人、そして謙虚で腰が低い人たちばかりです。

例えば、「人生は短い！　考えてばかりいないで、とにかくやれ!!」という熱い言葉に心が揺さぶられて、何度も本を読み返していたカリスマ著者の出版記念講演に参加したときに、そのカリスマ著者が講演の冒頭で「今日はお客様がすごく多いので、とても緊張しています」と、恥ずかしそうな表情を浮かべながら話すのを見て、大変驚きました。

この言葉に会場は大ウケ。カリスマ著者の熱い言葉で講演が始まるだろうと参加者の誰もが思っていたので、緊張感のあった会場が一気にやわらかい雰囲気になりました。その後も「えっと〜、お話しする内容を忘れてしまいました。誰か助けてください」と、どんどん自分のダメな部分をさらけ出していったのです。この著者の本の内容とは違う人間性に対し会場の参加者は感激し、応援しながら最後まで熱心に講演を聴いていました。

この講演に参加して、その著者がカリスマである理由が理解できました。それは、**自分のダメな部分や弱さを他人に見せることができる強さがある**ことです。

誰もが自分をよく見せたいと思うのが人間心理だと言えます。ですが、そのカリスマ著者は、大勢の人の前で「助けてください」と恥をかくことをまったく恐れないのです。ふつうの人が考えることとは真逆のことをやる強さがあるわけです。

実は、この話には続きがあります。私は講演終了後のパーティーで、このカリスマ著者と直接話をする機会を得ることができました。

私は緊張しながら、「どうしたら本を出せますか？」と質問をしたところ、「谷さん、本の原稿は今、お持ちですか？」と逆に聞かれました。私が「いいえ、執筆はまだこれからなのですが…」と答えると、「本を出版できる人はすでに原稿を書き終えていて、いつでも売り込めるように原稿を常に持ち歩いている人だけです」と言われて、自分が恥ずかしくなったことを今でもよく覚えています。

そのカリスマ著者の本に書いてある例の「人生は短い！　考えてばかりいないで、とにかくやれ!!」という提言をまったく実践していなかった自分を深く反省しました。

周囲の人に甘えれば何でもうまくいく

独立して事業をやり始めたときに突きつけられた現実があります。

すべてを自分でやらないといけない、ということです。

不得意なことや、知らないことがいっぱいあったのです。経理や税金については、知識

不足で一から勉強しなければいけませんでした。

会社員時代の営業部にいたときは売上を上げることに専念することができ、お客様相談室ではクレームを言うお客様を笑顔に変えるスキルを磨くことだけでよかったのです。会社員時代は、目の前の仕事に没頭することができる、大変恵まれた環境にあったことを思い知らされました。

でも、ここで気づけたことがあります。それは、〝**何でも完璧である必要はない**〟ということです。不得意なことや勉強不足で知らない分野に関しては、それができる人に仕事を依頼したり、詳しい人に教えてもらったりすればよいのです。

何でもできる完璧な人になるより、何でも周囲の人にお願いしたり聞いたりするほうが、仕事はうまく回っていくということです。

企業の人事部の方から、現場で圧倒的な成果を出してきた人を管理職につけると、低迷する人が一定数いると聞いたことがあります。

彼らは仕事をすべて自分で抱えてしまい、部下や他部署の人間に仕事を依頼することができないために低迷してしまうようです。〝**自分で全部やってしまう病**〟に陥るのです。

さらに、わからないことがあっても〝迷惑をかけたくない〟と考えて、誰かに教えてもら

ったり甘えたりすることができないようです。

今になって振り返ってみると、私がクレームの専門家として独立することができた大きな要因として、お客様相談室に配属になったときにクレーム対応はどうやればよいのかがまったくわからなかったので、社内や外部のクレーム対応に詳しい方々に徹底的に聞きまくったことが挙げられます。

例えば、取引先のお客様相談室の室長と会う機会をつくってもらったり、接待で利用していた銀座のクラブのママにクレーム対応のやり方を教わったりしていました。

そのおかげで、クレーム対応の心構えとやり方を短時間で身につけることができました。そして、このときの教えから得た知識は、今でも私の財産になっています。

いまだに鮮明に覚えているのが、私のために時間をつくってくれた人たちが嫌な顔をせず、楽しそうに教えてくれたことです。人間は誰かに教えることが好きな生き物なんだ、と改めて気づくことができました。何でも自分でやろうとせずに、周囲の人に甘えることで物事はよい方向に進むと考えるようにしてください。

何でもできる人より、何でも頼んだり教えてもらえたりする人になろう！

得 する言い方

「お力、貸してもらえませんか？」
「わからないので、教えてください」

弱みを見せたり、人に助けてもらったりすることは、ダメなことでも他人にとって迷惑なことでもない。人間は誰かの役に立つことで喜びを感じるもの。〝借りられるものは全部借りる〟という気持ちを持つ。

損 する言い方

「大丈夫です。自分でやります」
「何とかします」

本当に強い人は、強がりを言わない。自分だけで何とかしようとしない。できないことがあるときに周囲の人の力を借りて仕事を進められる人が、本当に責任感がある人。

13

「なるはやで、やるようにします」と安請け合いをしない

すべての期待に応えなくてもいい

私は、頼まれ事を断ることができない人間でした。いい人だと思われたかったからです。会社員時代は、〝頼まれ事をやれば自分が成長できる〟と考えて、自分のキャパをオーバーしていても気合いで仕事をこなしていました。本当は他に優先すべき仕事を抱えていたときでも、〝期待に応えたい〟と考えて、頼まれ事を無理に引き受けていたのです。

特に、お客様相談室に在籍していたときは、他部署に入ったお客様からのクレームにもかかわらず、頼まれて、私が代わりに対応していたこともありました。私が対応するとうまくいくことが多かったので、頼んできた部署に感謝されていると考えていました。それでよいと私自身も思っていたのです。

そうした状況が続いたなか、私のカラダに異変が起きました。円形脱毛症になってしまったのです。後頭部の髪の毛が、見事なぐらいキレイな円形に抜けました（泣）。カラダは正直なものです。期待に応えようと、何でも無理をして引き受けて精神的ストレスを溜めていたことが、円形脱毛症の原因だと思います。しばらくの間、脱毛部分を隠すのに毎日随分、苦労をしました。

もちろん、誰かの期待に応えようとすることは、悪いことではありません。でも、**ストレスを溜めてまで無理をしてはいけない**のです。このことに気づき、もう無理はやめようと決意し、育毛する方法と頼まれ事をうまく断る方法を必死に模索しました。

育毛法はさておき、頼まれ事をうまく断るために、まず私が変わらないといけないと思ったことは、**〝期待にすべて応える〟という考えをやめる**ことでした。〝期待に応えて相手から感謝されたい〟という思いが強いことが問題だと考えたのです。

しかし、これは相手に媚《こ》びていることであり、結局は他人に振り回されているだけだったのです。

私に必要なことは、頼まれ事をすべて引き受けてあれもこれもやるのではなく、自分が本当にやるべきことに集中することだったのです。したがって、他人に振り回されないた

めに、**「ノー」と断る勇気を持つことが重要**だと結論づけました。

そもそも、他の部署に入ったお客様のクレームを私がやる理由など存在しません。そのことに気づくと、〝何かうまく利用されていたな〟と後悔しましたが、その一方で〝感謝されたい〟という気持ちで安請け合いをしていた自分を反省するばかりでした。

頼まれ事に嫌な顔をせずに引き受けて、その場を丸く収めようとしたことで、自分が大きく転んでしまっていたというわけです。

〝できること〟と〝できないこと〟をセットで伝える

頼まれ事をされたときに、「やれません」と一方的に言い放つことは避けたかったので、うまく断る方法を模索し続けました。

そこで思いついたのが、**〝できること〟と〝できないこと〟を明確にして相手に伝える**ことです。つまり、頼まれ事を断るだけでなく、何か協力できることを伝えるのです。実を言うと、これはお客様相談室で実際にクレーム対応をしていて身につけた交渉術です。

クレーム対応では、お客様から無理難題を言われるケースがよくあります。あるとき、提携していたリゾートホテルの予約でお客様から「海が見える部屋じゃないとダメだ」と

いうクレームを受けたことがありました。そもそも、部屋の空きは1室で、海の見える部屋はすでに満室でした。

「空いてないです。申し訳ありません」と伝えると、「他の客を移動させろ！」「いつも利用しているのに、そんな対応をするのか⁉」とかなりゴリ押しされました。ほとほと困り果て、ホテルの支配人に直接相談したところ、支配人は「残り1室なので、今回はお客様のご要望には応えられませんが、空いている部屋は夜景と朝日が本当にキレイに見える部屋なので、それをお伝えしてみてください」と教えてくれました。

早速、そのまま、お客様にお伝えすると、「ぜひ、それでお願いします」と言われて、あっさりクレーム対応が終わりました。

「できない」と一方的に断るのではなくて、できることもセットで伝えるようにすれば、悪い印象も与えないということを学ぶことができたのです。

その後、私が他の部署から再びクレーム対応を依頼されたときは、次のように依頼してきた相手に伝えるようになりました。

「私がクレーム対応をするお手伝いはできないのですけど、どうやればクレーム対応がうまくいくかは教えることができます」

つまり、〝私が試合に出場することはできませんが、試合で勝つ方法をお教えします〟と提案したわけです。

すると、依頼してきた相手に「えっ、いいですか!? ぜひ、お願いします」と言われたので、クレーム対応法をレクチャーしたところ、うまく対応ができたようで、大変感謝されました。さらに、「谷さんから教えていただいたことを部署のメンバーにも共有します」とも言われて、その後、私が別の部署のクレーム対応をすることはなくなりました。

頼み事を断ったぐらいで、人から恨まれることはありません。もし、できないことしかなかったとしても、他のことで貢献したり得意なことでサポートしたりすれば、周囲の人との関係性が悪くなることもありません。

頼まれ事を断るときには、自分ができることを見つけるようにしましょう。このことに気づいてからは、ストレスで私の髪の毛が円形に抜けることはなくなりました。

あれもこれも安請け合いをすると、頼めば何でもやる“都合のいい人”になってしまう

損する言い方

「ぜひ、やらせてください！」

「なるはやで、やるようにします」

頑張りすぎはよくない。無理して頼まれ事を引き受けてしまい、その成果がよくないと、〝期待外れなヤツ〟と烙印を押されてしまう。

得する言い方

「私がやれるのは、この部分です」

「これはできないですけど、こちらはできます」

自分の得意なことだけ、やればいい。先に、できないことをぶっちゃけて、最後にできることを伝えると、相手に嫌な印象を与えない。

14

「これ、自慢なんだけど」と自分のアピールをしない

語っても好かれることはないのが成功談

私は、プライドが高い人間でした。常に、自分に自信を持って生きていたいと考えています。一方で、プライドが傷つくことを避けるために、〝失敗したくない〟と考える癖がありました。特に、失敗して人からイジられたり、バカにされたりすることは最も屈辱的なことだと考えていました。

しかし、会社員時代にお客様相談室に配属され、クレーム対応をやり始めたころは当然ですが、なかなかうまく対応できず、お客様を怒らせたこともあり、失敗の連続でした。否が応でも毎日、「こんなはずじゃない」「もっとできると思っていたのに…」と、プライドを傷つけられるのです。

営業マン時代からクレームやトラブルの対応をしていましたが、そのたびにうまく収めることができていたので、「自分はトラブルに強い」と考えていました。

当時は周囲の人たちにも、クレームやトラブルを解決してきたことを武勇伝として、よく自慢していました。

お客様相談室に異動してからは挫折しそうになりましたが、プライドの高さ故、意外な方法を思いついたことがきっかけで、物事がよい方向に進みました。

それは、失敗して人からイジられたり、バカにされたりすることを最も恐れていた私が、**失敗したことを面白い話に変えて話す**という方法でした。

つまり、他人に笑われるのではなく、自分で笑い話に変えてみようと考えたのです。これは、悲劇を喜劇に変えるというようなもので、私のプライドの高さから生まれた思わぬ副産物だったと言えます。

お客様相談室への異動後も、営業マン時代の元同僚と飲みに行っていました。そのときに決まって元同僚から、「クレーム対応の仕事はどんな感じ?」と聞かれます。

以前の私なら、「たいして難しくないよ」と強がっていたかもしれません。また、失敗

ばかりしていることを隠そうとしていたはずです。

しかし、私は失敗談を話しました。具体的には、宿泊当日にホテルの予約をキャンセルしたにもかかわらず、「キャンセル料は払わない」とゴネるお客様を対応していた際に、私が「お客様、当日のボイコットは料金がかかります」と言い間違えてしまい、お客様から「私は抗議運動をしているつもりはない」と、冷たい口調でお叱りを受けたことを話したのです。

すると、元同僚たちは笑いながら楽しそうに聞いてくれて、「その話、面白い！」と、喜んでくれました。

自慢話や成功談で自分のプライドを守ろうとするのではなくて、ふつうは話したくない失敗談を笑いながら楽しく話せる武器を身につけたことで、**〝失敗は恥ずかしいことではない〟**と思えるようになりました。

自分の失敗談は他人の役に立つ！

失敗談で人を楽しませることができることに気づいた私が、もう1つ実践したことがあります。それは、**〝失敗談を他人の役に立てる〟**ということでした。

そして、職場の部下や後輩にどんどん公開して、彼らの失敗を未然に防ぐようにするのです。彼らに仕事を依頼するときにも、「この部分はよくミスをするので、気をつけるようにしてください」というように、自分の失敗経験のポイントをしっかり伝えるようにします。こうすれば、部下や後輩は私と同じような失敗をしないように注意して行動してくれるようになります。

この話をすると、取引先の管理職の方々は「失敗した経験から学ぶことがあるので、そこまで過保護にやらなくても…」と言います。しかし私は、**失敗から学べるのは、過去に成功体験をそれなりに積み重ねてきた人だけ**だと考えています。

おそらく、部下や後輩の中には、新入社員や他の部署から異動してきた人がいるでしょう。そうした人たちは、まだ仕事で成功体験を積んでいないはずです。

そのため、最初に失敗をしてしまうと、萎縮してしまうのです。その失敗が原因で、積極的に行動に移せなくなることがあります。また、成功体験を積んでいないので、失敗を学びに変えることができません。だからこそ、上司や先輩が過去の失敗談を隠さずに公開することによって、部下や後輩の仕事がうまくいき、彼らに小さな成功体験を積んでもらって自信を持たせる必要があるのです。

営業でも実は、トップセールスマンの中には、過去にクレームやトラブルになった話をお客様に伝えることで、お客様が買い物に失敗しないように努めている人が少なくありません。お客様が一番知りたい情報を公開することで絶大な信頼を得ているわけです。

お客様相談室時代の私は、責任者として中途採用社員の面接も担当していました。いつも面接に同席してくれた人事部長が、面接を受ける応募者に「今までの仕事での大きな失敗経験を教えてください」という、少し意地悪な質問を毎回必ずしました。

採用面接なので、ほとんどの人が印象を悪くしないように失敗経験を過少に話しますが、なかには上司をすごく怒らせてしまった経験を正直に話す人がいます。

その人事部長は、「失敗経験を正直に話す人は、入社後、仮に自分が大きなトラブルを起こしても、自分だけで解決しようとせず、速やかに上司に報告してくるから信頼できる」と言い切り、失敗談を臆することなく話した応募者を即決で採用していました。

また、その部長は、失敗が恥ずかしいと思う人は自分だけで何とかしようとして、うまく処理できず、問題が大きくなったところで、上司に報告をしてくるのでリスクが高いことも教えてくれました。私にも同じような苦い経験があったので、耳の痛い話でした。

あの失敗があったからこそ、今の成功があるはず。失敗談を話して笑い飛ばそう！

自慢話を聞かされるほうは疲れる。もし、どうしても話したくなったら、〝こうやれば、うまくできる〟というノウハウにして伝える。

損　する言い方

「これ、自慢なんだけど」

「私、失敗しないので」

得　する言い方

「やらかしてしまった話なんですけど」

「大変お恥ずかしい話なんですが」

失敗談は聞いていても楽しいし、共感できることも多い。自分だけが話せるスべらない鉄板の失敗談を、勇気を持って語れるようになろう。

15

「なぜ、あいつばかり…」とやる気をなくさない

自信を持てるものを1つつくる

若いころの私は、負けず嫌いでした。何でも一生懸命やるというところは長所であると考えてはいますが、以前の私は他人と比較して一《いっ》喜《き》一《いち》憂《ゆう》することが多く、そうしたところはよくない部分だと自覚していました。

会社員時代には、「出世したい」「上に行きたい」と強く考えていた時期があったので、やりたかった仕事が担当できなかったり、他の同僚が重要な仕事を任されたりしたときには、「どうして、あいつばかり…」「自分のほうがうまくやれる」などと文句を言って、自分は負けていないと思っていました。

ただ、今になって振り返ってみると、とても小さなことを気にしていました。広い視点

で世の中を見渡せば、1つの会社の中での役割分担で、「あの仕事を任された」「任されなかった」と、とても**ちっぽけなことで一喜一憂し、やる気を失っていた**のです。

しかし、お客様相談室に異動し、クレーム対応をやるようになってからは、そのような気持ちが徐々になくなり、他人と比較することもなくなっていきました。クレームを受けると、自分にとってやっかいな問題が起きたと思う人が多いのかもしれませんが、実はお客様のほうにやっかいな問題が起きていることに私は気づいたのです。

やっかいな問題が起きなかったら、わざわざクレームを言う必要はありません。このことに気づいてから、クレームを言うお客様に対して、〝何か自分ができることはないだろうか？〟と考えられるようになりました。

私は毎日、怒っているお客様の話を聴き、しっかり向き合うことに必死で、他人と比較して一喜一憂する暇がなかったとも言えますが、この仕事と出会って一番に考えたのは、「お客様の怒りを笑顔に変えられるようになりたい」ということでした。

その後も数多くの失敗をしましたが、試行錯誤を繰り返して「**クレーム客でもファンに変えてしまう対話術**」を身につけることができたのです。

今はありがたいことに、クレームの専門家として仕事をしていますが、誰にもできない

と思っていた〝プロの技術〟を手に入れることができ、当時の私にとってとても大きな自信になりました。

他人と競争して勝った負けたと考えるのではなく、**自分の得意なことを伸ばして、それを活かして目の前の人を笑顔にすることのほうが大切**だと気づくことができたのです。**他人と比較している限り、自分が幸せな気持ちになることはありません。**

独立して様々な企業と取引するなかで、とても勉強になったのが、儲かっている企業の共通点です。

それは、同業のライバル企業に負けたくないと頑張っているのではなく、目の前のお客様の問題を解決しようとして、全力で技術やサービスを進化させているところです。

自分のブランドを確立する

私の著書の読者の方から、「好きなことを仕事にしたい」「やりたい仕事をさせてもらえない」という悩みの相談を受けることがあります。そのたびに私は、「好きな仕事を選んだことで後悔している人をいっぱい見てきました」と回答しています。

コピーライターになりたいと思って広告会社に入社したものの、１年目に営業部に配属され、会社に不満を言い続けて３年目に念願のコピーライターの仕事ができるようになったのですが、クライアントの要望を引き出す営業マンなら誰もが持ち合わせているヒアリング力がなかったために、仕事をうまく受注できなかった人がいました。

また、ビール会社に10年間勤めて、取引先の居酒屋のオーナーたちが楽しそうに働いている姿を見て、〝自分も居酒屋を経営したい〟と考えて退職したものの、経営に関する知識不足のためにお店の経営が軌道に乗らず、多額の借金を抱えてしまった人もいました。

好きな仕事、あるいは、やりたかった仕事だったはずなのに、うまくいかずに絶望し後悔している人は実に多いのです。「**〝好きなことをやれば、うまくいく〟ということは稀**」と言っても過言ではないでしょう。

私の友人でビジネス書の著者として活躍されている人たちは元々、会社員や公務員として仕事をしていました。その組織の中での経験をもとに磨き上げた技術やノウハウを、世の中の多くの人たちに知ってもらいたいと考えて本を書いています。

彼らと話をしていて、とても面白い共通点があります。それは、「まさか自分がその内容で本を出すとは夢にも思わなかった」と口を揃えて言うことです。

人気著者で人材コンサルタントの齊藤《さいとう》正明《まさあき》さんは、会社からのパワハラ命令でマグロ船に乗せられて漁師体験をしたときに、仲よく助け合う漁師たちの姿に感銘を受け、そこで学んだ幸せになれる働き方とコミュニケーション法を本に書かれています。

思わぬ不測の事態にも現実をしっかり受け止めてピンチを乗り越えたことで、その人しか本で書けないような技術やノウハウを手に入れたのです。

私は、**仕事というものは、自分がやりたいことより相手から求められることを全力で取り組むことで、次の道が開かれていくもの**だと考えています。

したがって、目の前の仕事に没頭することが最も大切です。そうすれば、誰もが他人の生活をよくしたり、問題を解決するスキルを身につけたりすることができるはずです。そのスキルを人の役に立てることが自分の喜びに変わるのです。

この喜びに気づいた人は、自分だけができることを増やす努力をし、それがその人の存在価値になります。

まさに、〝自分だけの強力なブランド〟を手に入れることができるのです。

他人と比較してやる気をなくすのではなく、他人に奉仕して喜びを感じよう！

妬み嫉みは、自分が嫌になる感情。また、「好きな仕事をしたい」と言った時点で、すでに自分は毎日嫌な仕事をしていて、つまらない人生を過ごしていると言っているようなもの。

損 する言い方

「なぜ、あいつばかり、優遇される…」
「好きな仕事をしたい」

得 する言い方

「自分にはこれがある。これができる」
「私はこれが得意です」

自分の得意なことを周りの人に積極的に知らせる。自分ができることや得意技を増やすと、他人から喜ばれて自分の仕事や人生が充実する。

16

「仕方がない」とすぐに妥協しない

自分の〝ありたい姿〟の目標を立てないと妥協してしまう

以前の私は、壁にぶち当たると「仕方がない」「自分にはハードルが高かった」と自分に言い聞かせていました。また、困難なことが目の前に立ちはだかると、手を抜いていたにもかかわらず、「これでいい」と妥協していたのです。

妥協するということは、とても怖いことです。「自分はこんなもん」「今回はどうしようもない」と口にすると、現状維持どころか、どんどん下に沈んでいってしまいます。

ではなぜ、私は妥協していたのでしょうか？

それは、〝自分の目標〟を明確にしていなかったからです。

最終の目的地という言い方でもいいかと思うのですが、「どこに向かうのか？」「自分は

何を手に入れるのか？」を明確にしていなかったのです。そうした**目標がないために、すぐに妥協してその場をやり過ごしていた**わけです。

「出世したい」「給料を上げたい」という目標でもよいのですが、これらは最終的に会社や上司という他者が評価して決めるものです。

自分の目標とは、自分が「どのようなスキルを身につけるのか？」「どのようなことを勉強して知識を増やすのか？」というように、自分はどのような実力をつけたいのかを設定することです。つまり、**〝自分のありたい姿〟を明確にする**ことなのです。

実力をつけようとすれば、どんな状況に置かれてもベストなパフォーマンスをしようという意欲が湧いてくるので、仕事も楽しく取り組めるようになります。

実力のない人の地位が上がったり、お金が増えたりしても、一瞬にして地位が下がったり、お金がなくなったりするので、実力をつけることを目標にして妥協しないようにすることが大切なのです。

私の過去を振り返ると、妥協したことで苦い経験をしたことがあります。

営業マン時代の話ですが、関連会社に管理職として出向を命じられたものの、企業文化になじめず、チームの営業成績も上げられなかった時期がありました。部下とのコミュニ

ケーションもうまくとることができず、部下が私の言うことを聞かなくなっていきました。しかし、私はそれにもかかわらず、「自分の実力がなかったので、仕方がない」と考えて、何も行動を起こしませんでした。私はすっかり、自分に自信をなくして孤立していったのです。

さらに、私は嵐が過ぎ去るのをただ待つかのように、その場から動こうとしませんでした。当然ですが、自分が行動を起こさない限り、状態は一向によくなりません。結局、そんな私は、管理職失格と見切りをつけられ、元の会社に戻るよう命じられました。私にとっては屈辱的な出来事でしたが、私自身の心の弱さが原因だったのです。

立ち止まらずに、やれることをやる

元の会社に戻った私の配属先は、お客様相談室でした。

「お前が何も行動を起こさなかった罰だ。クレームを受けることで罪を償え！」と言われているような異動でした。当時の私は、自分が情けない気持ちでいっぱいでした。

ただ、お客様相談室に配属されたことがきっかけで、自分の心の中で「これからは妥協しない、自分を変えよう」と決めました。

同じ失敗を繰り返さないと決意した私は、目標を立てることにしたのです。その目標の内容は、〝お客様相談室で仕事をしていくなかで必要なことはすべてできる実力をつけて、組織で必要とされる人材になる〟というものでした。

私にとって、「妥協する」の反対語は「全力で取り組む」です。

とにかく、**立ち止まらない、挑戦する**ということでした。出向したときの企業文化になじめなかった理由は、自分から溶け込もうとしなかったためです。部下とのコミュニケーションをうまくとれなかったのも、ただの言い訳です。そんな人間は、組織にいてはいけないのです。お客様相談室に異動した後の私は、自分を変えようと、自分から積極的にコミュニケーションをとるようにもしました。

「**前の部署でまったく使いものにならなくて、ここで一からやり直すつもりですので、みなさん、よろしくお願いします**」と、お客様相談室のメンバーにぶっちゃけてみると、笑ってもらえて、自分の心が楽になったことを今でもよく覚えています。

そして、罪を償うかのように毎日、お客様からのクレームを誰よりも多く対応するようにしました。自分ができることをすべて全力でやるつもりで、真摯にクレーム対応に取り組みました。そうすることで、手に入れたものがあります。

それは〝**自信**〟です。何も行動を起こさずに立ち止まっていただけの自分から脱け出すことによって、自信を取り戻すことができたのです。

また、誰よりも多くクレームを積極的に受けようとする私に対して同僚や部下たちが、「お手伝いさせてください」「協力させてください」と声をかけてくれました。こうして**周囲の人が助けてくれるようになると、孤立感を覚えることもなくなり、毎日、仕事に楽しく取り組める**ようになりました。

あの屈辱的な出来事がきっかけで、自分の仕事、そして人生を大きく変えることになったのです。**「妥協しない、自分を変えたい」という意志さえ持てば、物事はよい方向に進む**ということを実感することができたわけです。

お陰様で今、私がクレーム・コンサルタントとして数多くのお客様からお仕事の依頼を受けているのは、明確な自分の目標を持って実力をつけようとコツコツ取り組んだからです。**人生で起きる出来事に1つもムダなことなんて、ない**のです。

「自分ができることをすべてやり切った」と言えるように全力投球する

得する言い方

「もっとできる！　やれることはある」

「出し切った！　今、やれることは全部やった」

本当の実力を身につければ、満足のいく成果を一生出し続けることができるようになる。自分を鼓舞するような言葉を発して、自分に恥じないように全力で物事に取り組めば、必ずよい方向に進む。

損する言い方

「今回は、これで仕方がない」

「自分の実力は、この程度…」

妥協して、自分の限界を決めない。自分ができるすべてを出し尽くさないと、自分も周りの人も笑顔にすることはできない。

第3章のまとめ

印象で「損する言い方」「得する言い方」

12

● 強がりを言わない

損する言い方「大丈夫です。自分でやります」
得する言い方「お力、貸してもらえませんか?」

13

● 安請け合いをしない

損する言い方「なるはやで、やるようにします」
得する言い方「これはできないですけど、こちらはできます」

14

● 自分のアピールをしない

損する言い方「私、失敗しないので」
得する言い方「やらかしてしまった話なんですけど」

15

● やる気をなくさない

損する言い方「なぜ、あいつばかり、優遇される…」
得する言い方「自分にはこれができる」

16

● すぐに妥協しない

損する言い方「自分の実力は、この程度…」
得する言い方「もっとできる! やれることはある」

第4章

謝罪上手は「世渡り上手」

17

「私に言われても…」と自分を守らない

「自分は悪くないのに」と考えたら炎上する

仕事をしていて避けて通ることはできないのが、謝罪の場面だと思います。上司からの叱責、お客様からの苦情やクレームを受けることは、誰にでも起こります。

この謝罪が必要となる状況こそ、周囲からの信用を失ってしまうか、あるいは謝罪がきっかけで、その後に大きな信頼を得られるかのターニングポイントになります。

私は、**仕事ができる人の大きな共通点として、〝謝罪上手〟がある**と考えています。

私の周りには、儲かっている投資家、すごい実績を挙げている経営コンサルタント、依頼者の行列が絶えないカメラマン、紹介だけで1年に10軒の注文住宅を受注する住宅メーカーの営業マンがいますが、彼らと接していて気づかされるのは、ポジションが高くなるにつれて腰が低くなり、謝ることや頭を下げることにまったく抵抗がないということです。

頭をたくさん下げてきたからこそ、圧倒的な成果を出し、ポジションを確立したのかと思うほどです。

一方で、ポジションが上がり偉くなったら謝らなくてもよいと思っている管理職の方が少なからずいます。クレームが起きると、自分はサッと逃げて現場に押しつけようとする人もいます。このような人が周囲から評価されて、信頼されることはまずありません。

「謝罪が苦手だ」と言う人の最大の特徴は、「自分は悪くない」「私のせいではない」と考えていることです。

以前、私のクライアント企業の部長から、「お客様からのクレームにメールで返信したところ怒らせてしまったので、相談に乗ってほしい」と言われたことがあります。その部長の返信メールを確認してみると、冒頭から「私は部下には気をつけろ、注意しなさいと散々指導をしてきたのですが、このようなことになってしまいました」と、責任逃れとしか思えない文面のメールをお客様に送っていたのです。

クレーム対応の専門家として活動しているなかで入手したデータがあります。それは、クレーム全体の60%以上は自分のせいではないことで、クレームやトラブルの対応を行なわなければいけないということです。

管理職や経営者の立場になると、ほぼ１００％が自分のミスではない事情で、謝罪をしなければならなくなるでしょう。

とすると、どうするべきなのでしょうか？

そうです。うまく謝罪することができるようになる必要があります。

きちんとした頭の下げ方を学べば、仕事も人生も上昇気流に乗っていくと、私は考えています。

謝ることは恥ずかしいことではない

謝ることは恥ずかしいことで、情けないことだと思っている人が多くいます。謝罪することで、自分の立場が悪くなるのではないかと気にする人がいますが、謝罪は自分ではなく、相手のためにするものだと理解してください。

謝ることは自分にとってマイナスで損をすることではなく、謝ることで相手との関係性をよくして、あなたが得をし、人として徳を積む機会にもなると考えてほしいのです。

さらに言うと、自分がすべて悪いかどうかに関係なく、**怒っている相手や被害を主張し**

てきた相手に対して、速やかに〝謝罪の言葉〟を最初に投げかけることは、トラブルが大きくなるのを避けることができる利点があります。

クレーム対応の現場で、お客様から「おたくの施設でケガをした。どうしてくれる⁉」というクレームを受けたにもかかわらず、自分たちのせいではないかもしれないと考えてしまい、謝罪も何もせずに状況確認を進めてしまった事例がありました。

その後、自分たちの不手際でお客様がケガをされた事実が判明し、そこで初めて謝罪をしたところ、「今ごろ謝っても遅い！」と、さらにお客様の怒りを炎上させてしまいました。お客様はケガをさせられたことよりも、最初に謝罪がなかったことに延々と怒り続ける事態になってしまったのです。このような事態は、実際によく起きています。

なぜ、こんなことが起きるのでしょうか？

やはり、謝ることに対する抵抗感があり、**謝罪のタイミングが遅れることで大きな問題に発展してしまう**のです。

例えば、「私どもの施設でおケガをされてしまったのですね。ご不便をおかけし、誠に申し訳ございません。おケガの状況はいかがでしょうか？」と最初にしっかり謝罪した後に状況確認を行なうようにすれば、先ほどのように炎上することはなかったはずです。

これは私の苦い失敗談ですが、上司から「なぜ、お客様とのアポを取っていないのか！」

と指摘を受けたときに、「部長から連絡すると言ってましたよ」と私が自分の正当性を主張したことによって、「言った」「言わない」の堂々めぐりになってしまったことがありました。

とても些細なことで、険悪なムードになってしまったのです。実際には、私がアポを取ることが、会議の議事録に書かれていました。その後、上司に謝ったのですが、完全に手遅れでした。多少の恨みを買ってしまったのでしょう。その後、しばらくは関係がギクシャクしたことを今でもよく覚えています。

これとは正反対のエピソードも紹介しましょう。

私の住んでいるマンションで、隣の部屋のペットの鳴き声がうるさかったので、マンションの管理人さんに「ちょっと鳴き声が気になります」と伝えたところ、管理人さんは開口一番に「そうでしたか！　ご不便をおかけしたのですね。大変申し訳ありません!!」と謝罪をされました。そのときは、「管理人さんのせいでもないのに、なんて誠実な対応なんだ」と、とても感心しました。

人間の怒りの感情は、相手からの〝最初の謝罪の言葉〟ひとつで決まってしまうものだと痛感しました。

謝ることは、社会人必須のビジネスコミュニケーション。極める価値はある！

他人事のような逃げや守りの言葉を聞かされた相手はどう思うのか。今一度、認識してみよう。

損 する言い方

「その認識はなかったんですけど…」

「私に言われましても、ちょっとわからないですね」

得 する言い方

「私の確認ミスかもしれません。誠に申し訳ありません」

「私どもに至らない点があり、申し訳ございませんでした」

仮に自分のミスでなかったとしても、どれだけ自分事として捉えられるかどうかが大切。謝罪の言葉は、相手の心を癒す言葉だと認識する。

18

「申し訳ありません！」を連発しない

ただ謝罪の言葉を述べるだけではダメ！

先日、私の取引先側で仕事の不備があり、担当の方が私のところに謝りにお見えになりました。私自身は電話でもよかったのですが、「どうしても直接謝罪をしたい」と言われたので、お会いすることにしました。

クレームの専門家に謝りに来るなんて、かなりのプレッシャーだと思います（笑）。おそらく、謝罪のための準備はしっかりされてきたのでしょう。謝罪の言葉自体からは、申し訳ない気持ちが伝わってきました。でも、1つだけ気になったことがあったのです。

それは、謝罪の言葉と頭を下げるタイミングが同時であったという部分です。

これはクレーム対応研修でも私が必ず説明することですが、**謝るときは相手の目を見て**

謝罪の言葉を伝えてから、頭を下げるのが鉄則なのです。この謝罪の言葉と頭を下げるタイミングが同時になると、相手の目を見て謝罪の言葉を伝えていないので、相手に気持ちが伝わらない可能性が高いのです。

「上司にきちんと謝っているのに、ずっと怒られ続けた」という、上司への不満を口にしていた人がいましたが、それはおそらく上司の目を見て謝罪の言葉を伝えてから頭を下げていなかったためでしょう。相手には形だけの謝罪に映り、〝とりあえず謝っている〟ような印象を与えてしまうのです。

次に紹介する話は、近所の人気レストランに行ったときの私の体験談です。

「5分でご案内できます」と言われたにもかかわらず、20分近く待たされたのですが、混んでいる時間帯に予約しないで行ったのがよくなかったと考え、「また来ます」と店員の方に伝えたところ、店内に響き渡るような大きな声で「申し訳ありませんでした！」と謝られました。

こちらは別に怒っていたわけでもなく、むしろ次はちゃんと予約してまた来ようと思っていたので、大声で謝られたことによって、クレーマー扱いされたみたいで少し嫌な気持ちになりました。

これもクレーム対応研修で私が必ず説明することですが、大きな声で怒る人には、少し大きめの声で謝罪をすることは悪いことではありません。**相手の声のトーンやスピードに合わせることで、相手を安心させる効果がある**からです。

先ほどのケースは逆でした。私は静かなトーンで「また来ます」と言ったにもかかわらず、大声で謝罪されたのです。これは、大きな声を出すことで〝自分たちは謝っています〟というアピールをしているだけです。相手の状況や気持ちをまったく理解していないと言えます。

自己満足のような謝罪では、まったく相手には伝わらないので、そうならないように気をつけましょう。

相手の言いたいことを受け止めて謝罪する

上司からの叱責に対して「申し訳ありません」「申し訳ありません」と、謝罪の言葉を連発する人がいます。

実は、この謝罪のやり方は、叱責している上司の立場からすると、部下が〝怒られたくない〟〝これ以上、言わないでほしい〟という拒絶の態度をとっているようにしか見えま

せん。上司の立場から言えば、部下は何もわかっていないと考えてしまい、言いたくなかったけれど、あれもこれも言ってしまい、叱責の時間が長くなるでしょう。

こういう事態に陥ると、叱られた部下の中には、〝あれもこれも不満を言ってきて、口うるさい上司だ〟というような嫌《けん》悪《お》感《かん》を持ち、上司の存在をストレスに感じる人もいるでしょう。

ただ一方で、部下を叱った上司のほうにもストレスがいっぱい溜まります。上司にとって、部下を叱らなければいけないこと自体が一番大きなストレスなのです。私も部下にあれもこれも叱ってしまったことで、自己嫌悪に陥ったことが少なくありません。

では、叱責をする側の上司、叱責を受ける側の部下の立場でお互いがどのようになれば、ストレスを感じることなく、良好な人間関係を築けるようになるのでしょうか？

この質問に対して私は、叱責を受ける側の部下の謝罪の仕方ひとつで、よい方向に持っていけると考えています。その方法としては、まず**上司から叱責を受けたときには、上司への謝罪は1回だけにすることが大きなポイント**です。

何度も謝るのではなく1回でよいので、**相手の指摘に対してしっかり受け止める謝罪を心がける**ようにしてください。

例えば、提出した報告書に抜けモレがあり、数字も間違っているということに対して指摘を受けたのであれば、「報告書の見直しがしっかりできておらず、恥ずかしいです。申し訳ありません」というように謝罪をしてみましょう。上司の指摘をしっかり受け止め、自分の反省の気持ちと謝罪の言葉を投げかけるようにしてもらいたいのです。

他にも、あなたの仕事の態度に対して「熱心さを感じない。成果を出そうとしているようには見えない」という指摘を受けたのであれば、「私の仕事の態度が前向きではないということですね。誠に申し訳ございません」と指摘を受けたことに対して、そのまま**オウム返しをする謝罪の言葉も悪くない**のです。

こうして**相手の言葉をしっかり受け止めて、具体的にどの部分に対して謝罪をしているのかを明確にすることがとても重要**なのです。

つまり、相手がどのように感じているかを大切にして謝罪の言葉を伝えるようにするのです。このような受け止める姿勢を見せることによって、相手は〝わかってくれた〟と思うようになり、「同じことがないよう、ぜひ気をつけてください」「あなたを頼りにしているので、しっかりお願いします」という激励の言葉をかけてくれるようになります。

形だけでなく、相手の気持ちに寄り添った謝罪を心がける

お詫びの言葉を連発しても、〝叱られたくない〟という拒絶の態度にしか思われない。何に対して謝っているのかも伝わらない。

損する言い方

「申し訳ありません！　申し訳ありません！」

得する言い方

「やるべきことがしっかりできていなくて情けないです。本当に申し訳ありません」
「私の態度で嫌な気持ちを与えてしまったこと、申し訳ない気持ちでいっぱいです」

叱られたり、指摘を受けたりするのは、相手から期待されているからと捉える。相手の言葉をしっかり受け止めて、どの部分に対して謝っているのかがきちんと伝わる言葉にする。

19

「以後、気をつけます」で許してもらおうとしない

最後まで相手の話をしっかり聴く

上司からの叱責や指摘に対して、すぐに〝火消し〟に入ろうとする人がいます。

上司の話が終わっていないにもかかわらず、話をさえぎって自分の話を始めてしまう人がいるのです。

叱責や指摘に関しては、仮に相手の思い込みや勘違いで自分に非がない可能性があった場合でも、**相手の話が完全に終わるまでは口を挟まずにすべて聴くことに徹する**ことがとても重要です。

これを実践することで、相手がすごく怒っていても、言いたいことをすべて出し切ると、相手は必ずクールダウンします。自分に非がなくても、話をすべて聴くことで相手は落ち着いていきます。その後は、お互いに冷静な対話ができるようにもなります。

しかしながら、上司の叱責に対して「以後、気をつけます」「同じことがないようにします」というように、話をすべて聴かないうちに自分から話を終わらせようとしてしまう人がいます。

これをしてしまうと、「黙って聴け！」と相手は激高します。最初は、あなたの仕事ぶりに対して叱責していた上司が「お前はなぜ、いつも人の話を聴かない。誰からも信用されなくなるぞ！」というような違う観点で叱責を受けることにもなりかねません。こうなると、対立状態が続き、叱責される時間も長くなります。

ここまで、話を最後まで聴かない人がいかにまずいことになるか、という話をしてきましたが、これらはすべて過去に私がやっていたことです（涙）。

とても恥ずかしい話なのですが、私はすぐに火消しに入ろうとしていました。他人から自分のダメな部分を指摘されることや責められることに恐怖心を持っていたのです。

私のダメなところは、**コミュニケーションの原則である〝相手視点〟**という観点が抜けていることでした。〝自分が傷つきたくない〟という気持ちが先行して、その場から早く逃げようとする一番質《たち》が悪い考え方でした。自分のことだけしか考えていなかったのです。

今になってみれば、過去の私の仕事上での悩みやトラブルのほとんどが、**〝相手の話を**

傾聴する姿勢〃がなかったことが原因で起こっています。自分にとってよい指摘をしてもらっていたはずなのに話を聴くことができず、自分が成長するきっかけを失っていたのです。すごくもったいないことをしていたと反省するばかりです。

怒っている相手の気持ちを理解しようとする

私はクレームの専門家なので、この仕事をやり始めてから一番受けてきた質問は、「クレーム対応は、どうすればうまくできますか？」です。

その質問の答えを簡潔に理解してもらうために、「**取材するぐらいの気持ちで相手の話を聴こうとすると、必ずうまくいきます**」とお伝えしています。

実は、お客様相談室時代にクレーム対応で私がお客様に何度も言われたのが、「あなたは何もわかっていない」「私がどれだけ嫌な気持ちになったのかがわかりますか？」でした。

今だから言えることですが、私は「どうやって、このクレームを終わらせるか？」と、「このクレームの解決策の落としどころはどこか？」ばかりを考えていました。

「サービスが悪すぎる！　お金を返してほしいぐらいです!!」とお客様から言われたので、「すぐに返金のお手続きをいたします」と返答したことがありました。すると、そのお客

様から、「やはり、あなたは何もわかっていない」と言われたのです。

当時の私には意味がわかりませんでした。お客様の要望どおりに、お金を返す手配をするという解決策を出したにもかかわらず、お客様はさらに怒りを大きくしたのです。

しかし、このやり取りで気づいたことがあります。それは、お客様は問題を解決してほしいというより、気持ちをわかってほしいからクレームを言ってきたということです。

おそらく、そのお客様は「お金を返してほしい」と言いたくなるぐらい、嫌な気持ちにさせられたことをわかってほしかったのだと思います。

私がやるべきことは、お客様の気持ちに理解を示すことだったのです。**「そうでしたか。お話、よく理解できました」「そんなことがあると、嫌な気持ちになりますよね」**というような言葉をお客様に伝える必要があったのです。

相手の話を最後まで聴き、よき理解者になることが相手の怒りの気持ちを癒すことにつながるのです。

このときも、やはり私には聴く力が欠如していたのです。お金を返すことで許してもらおうとしていたことがうまくいかない最大の理由だったわけです。

許してもらおうとすることと、理解しようとすることは全然違います。

許してもらおうとするのは、自分のことしか考えていないからです。〝この場を何とか

収めたい〟〝この状況から早く逃げたい〟という気持ちで、その場限りの対応になっていたのです。

これでは、相手と良好な関係を築くことができるはずはありません。

相手の気持ちを理解しようとして話を聴くようにすれば、相手と同じ問題を共有したパートナーの関係になって、「そうか！　だから、こんなにお客様は怒っていたのか」「期待していたことと違って、ガッカリされていたのか」というように、お客様が怒っていた理由も手に取るようにわかってきます。

これがわかるようになれば、自分が何をするべきかにも気づくことができます。まさに、解決というゴールに向かって相手と同じ方向に進んでいくことができるのです。

あなたにも、132ページでクレーム対応は「取材するぐらいの気持ちで相手の話を聴こうとすると、必ずうまくいきます」と述べた理由を理解してもらえたと思います。

私はこのことを学んだ後、クレーム対応で炎上させることはなくなりました。

相手からの怒りや指摘は、すぐに収束させようとしてはいけない

相手が指摘をしてくるのには理由があり、思いがある。それをしっかり理解することを最優先する。決して自分から結論を出してはいけない。

損する言い方

「同じことがないよう気をつけます」
「再発防止に努めます」

得する言い方

「お話しいただいたこと、よくわかりました」
「よく理解できました。次はこうしたいと思います」

指摘をしてきた相手と最短で関係をよくしたいなら、話の途中で口を挟まずに、きちんと耳を傾ける。そして、理解したことを伝えるようにする。そのうえで指摘してくれたことを実践するようにしてみる。

20

「私はそうは思わないです」と反論してはいけない

反論しても何もよいことはない

あなたの周りでも、怒り心頭で、必要以上に攻撃してくる人がいると思います。それは、おそらく〝プライドを傷つけられた〟〝恥をかかされた〟というような被害者意識から興奮して大きな声で怒ってくるケースです。

会社組織でも、プライドの高い人が直属の上司になると、部下は大変です。例えば、プライドの高い上司は、部下のせいで自分の立場が悪くなるような状況に陥ると感情を爆発させて、周りの人が見ている前であえて部下のあなたを叱責してくることもあるでしょう。それは、できの悪い部下を叱責する場面を周囲の人に見せることで、自分のメンツを守ろうとするためです。

私が営業マンをしているときの経験談ですが、上司のA部長から取引先に商品の値上げ交渉の指示をされたことがありました。その際に、A部長から「取引先の社長が難色を示すようなら、今後の取引はできなくなると言っても構わない」と言われたのです。

実際に値上げ交渉をすると、取引先の社長は強い難色を示しました。それだけでなく、その社長から私の会社（当時）の役員に「他の企業と取引をさせてもらう方向で考えます」という連絡が直接入りました。この連絡を受けて、A部長は役員室に呼び出されて「お付き合いの長い大切なお客様に何と無礼なことをしてくれたんだ！」と役員に相当怒られたようでした。

役員室から出てきたA部長の怒りの矛先は、私でした。オフィスに響きわたるぐらいの大きな声（おそらく、役員室にも聞こえるパフォーマンス）で、「俺の指示とは違う行動をとるな！」と怒鳴り散らしました。「お前は仕事ができないんだから、俺の言うとおり、そのままやればいいんだよ」と、かなり挑発的な言葉も私に投げかけてきました。

それに対して、「言われたとおりにしました」と私が反論すると、A部長をさらに激怒させてしまったのです。結局、その場は私が頭を下げたことで何とか収まりましたが、お互いにとって後味の悪いものになりました。

ただ、今になってみれば、Ａ部長の挑発的な言葉に対して「言われたとおりにしました」という私の反論の言葉はまずかったと反省しています。実際に取引先に値上げを受け入れてもらえなかったのは私の責任です。にもかかわらず、ただ反論して、Ａ部長を否定してしまうだけの言葉でした。

その後、取引先の社長のところに役員自らがお詫びに行って、当面は値上げしないことを伝えると、契約を継続してもらえることになり、事なきを得ました。Ａ部長とは話をすることもなく数日過ぎたころ、今度は私が役員室に呼ばれて、役員から次のことを教えてもらいました。

取引先の社長から値上げ交渉の報告を受けた後、役員がＡ部長に「なぜ、そんなことをしたのか？」と問いただしたところ、Ａ部長からは「会社が売上を上げろと言うから値上げ交渉をしただけですよ」「私と同じ立場なら、誰もが同じことをするはずです」という反論の言葉だけが返ってきたようでした。

そのとき、役員から「**反論することでよいことは起きない。つまらない小競り合いや言い争いをするようなムダな時間をなくしていくことを常に意識する**ようにしなさい」とアドバイスをいただきました。

他人の言葉は自分の改善点を探すヒントになる

仮に、相手の挑発に対して〝許せない〟〝我慢ならない〟と思って反論したところで、そのときは一瞬「言い返してやった」と満足するかもしれませんが、そのことで相手から憎まれるようになるので、よいことは何もないと私は考えています。

では、思わず反論したくなることが起きたときには、どうすればよいのでしょうか？

他人から言われた言葉や意見を常に、自分の改善点の示唆だと受け止めることが重要だと考えるようにしました。自分が成長するきっかけにしようと結論づけたのです。

実は、あの後もA部長の挑発的な言葉が止むことはありませんでした。あるとき、売上の中間報告をすると、「お前の考え方は甘い」という厳しい指摘を受けました。ここで「自分ではそうは思いません」と反論したところで、良好な関係は築けないことはわかっていたので、このときは「やはり考え方が甘いですか。どう考えるのが一番よいのでしょうか？」とA部長の言葉に乗っかってから、質問で切り返してみました。

すると、「めずらしく、今日は素直だな」と嫌味は言われましたが（笑）、その後はどう仕事を進めていけばよいのか、多くのヒントを教えてもらえたのです。

こうした学ぶ姿勢によって、自分の改善点を見つけることができ、A部長が私に何を求めているのかを把握することもできたのです。何よりも、A部長のプライドを傷つけることもなく、私が攻撃されることもなくなりました。いいことだらけだったのです。**挑発や攻撃の矢印をマイナスと考えて反論するのではなく、自分の成長の機会とプラスに反転させる対話の方法を見つける**ことに成功したわけです。

仕事をしていると、いろんな考えや価値観を持った人が存在します。自分の思いどおりにならずに、理不尽なことが起こるのは当たり前だと考えておかないと、一喜一憂ばかりすることになってしまい、自立して、人生を穏やかに過ごすことはできません。

年齢が私と同じぐらいの50歳を越えると、一番大切に思うのが健康と時間です。私にとっての健康は、〝体〟だけではなく〝心〟もセットです。体が元気で過ごせる時間と、穏やかな気持ちで楽しく過ごせる時間が一番大切だと考えています。そういう時間をより多くするには、**他人の言葉を常に学びに変える姿勢を持つ**ことです。そうすれば、自分に足りない伸びしろの部分が見つかり、自分の実力を高めるよい機会を得ることができます。

相手の言葉に反論するのではなく、自分にとっての“学び”に変えていく

得 する言い方

「この点が十分ではなかったということでしょうか？」
「ここを変えてみるのがよいということですね」

素直に、どの部分が気になるのかを質問してみる。人は、自分一人では成長できない。他人の言葉や考え方を参考にして、正しい努力の仕方と成長するコツを手に入れることができる。

損 する言い方

「私はそうは思わないです」
「申し訳ないとは思っています。でも…」

自分の考えがいつも正しいわけではない。自分の欠点は、自分ではわからないもの。反論したことで自分が飛躍的に成長できる機会を失ってしまっては、もったいない。

21

「最近、バタバタしてまして…」と言い訳しない

やっぱり、言い訳する人が一番信頼を失う

私のところには、多くの取引先の企業や店舗からクレームやトラブル対応の相談が寄せられます。相談として多いのが、「クレームの初期対応で失敗してお客様を怒らせてしまったので、どうしたらよいのか、アドバイスがほしい」というものです。

結論から言いますと、初期対応で失敗して怒らせてしまったお客様を押さえ込むことは至難の業です。「残念ながら、上司の方に対応をお願いしないと無理でしょうね」と、対応を責任者に代えることが最善の方法だとお伝えしています。

なぜなら、**初期対応で失敗する人のほとんどが、お客様に言い訳をしてしまい、信頼を失ってしまっている**からです。**一度失った信頼は、その場で回復することはできない**というのが、私の経験則です。

「出張とかでバタバタしてまして」「明日、対応しようと考えていました」「わかっていたのですけど」「いろいろありまして」などが、典型的な言い訳フレーズでしょう。

また、「このようなご指摘は、今までなかったもので…」と、クレームを言ってきたお客様が悪いかのように言ってしまった人からの相談も受けたことがあります。

自分が〝ダメなヤツと思われたくない〟と考えて言い訳する人がいますが、言い訳すると、お客様を怒らせるのはもちろんのこと、一番避けたかったダメなヤツと思われることになるのです。**どんな場面でも言い訳ほど、やってはいけないことはありません。**

偉そうなことばかり言っていますが、私も言い訳してお客様を怒らせて窮地《きゅうち》に追い込まれてしまった経験があります。

お客様相談室時代に、電話でクレーム対応をしていた部下から「お客様が『責任者と話をしたい』と言われているので電話を替わってほしい」と相談を受け、私が対応したことがありました。

そのクレームの内容は、提携していた温泉旅館に宿泊されたお客様から「露天風呂がウエブに載っている写真で見るより実際は小さかった」という内容でした。お客様がそれほ

どお怒りの様子ではなかったことをいいことに、「腕のよいカメラマンが撮ると、小さいのも多少は大きく見えるのかもしれませんね」と口を滑らせてしまいました。
この軽率なひと言を耳にしたお客様は、「お前のところの部下は『写真とイメージは違う場合があるので…』と言い訳し、責任者のお前もそんなことを言うのか!!」と激怒され、その後も怒鳴られ続けて2時間ほどは収拾がつきませんでした（涙）。今、振り返っても、本当に自分が情けないです。

クレーム対応など**謝罪を行なうときは、初期対応がすべて**です。言い訳だけはやらないようにしてください。ちなみに、クレーム対応の初期対応で失敗しない方法は、私の著書『どんな相手でもストレスゼロ！ 超一流のクレーム対応』（日本実業出版社）に、これでもかというぐらい丁寧に解説し、事例も豊富に盛り込んでいますので、興味のある方はぜひご高覧ください。

本気で仕事をしているか？

もし、言い訳したくなるような場合は、自分の信頼を失わないためにも素直に自分の非

を認めて反省を示すことが一番よいと考えるようにしてください。

「まだ取りかかっておりませんでした。誠に申し訳ございません」「私から確認のお電話を差し上げるべきでした。大変失礼いたしました」「ご案内が至りませんで、恐縮するばかりです」――。このように相手に伝えるようにしてみてください。

素直に自分の非を認めて、反省や謝罪の言葉を伝えれば、相手の怒りの気持ちを癒すことができます。それだけでなく、正直な人だと相手は考えるようになり、それ以上のことは何も言えなくなります。

例えば、上司から「プレゼン資料の準備はできているのか？」という指摘に対して「他のお客様の対応がありまして…」と返答してしまうと、「言い訳するな！　仕事の優先順位を決めろ!!」と叱責を受けてしまうでしょう。

でも、「まだ取りかけかっておりませんでした。誠に申し訳ございません」と、素直に自分の非を認めてから、反省や謝罪の言葉を伝えれば、激しく叱責を受けることはなくなります。

そこで、上司から「どうして取りかかっていないのか？」と聞かれた場合、「他のお客様の対応がありました」と伝えると、これは**言い訳ではなく〝理由〟に変わります。**理由が明確になると、上司は状況を理解し「そうだったのか。今から準備することができるの

か？　誰か他の人間に任せたほうがいいのではないか？」というように、対話や相談事に変わるのです。

違う観点の話になりますが、言い訳をしてしまう人の特徴として、仕事が嫌で嫌で仕方がないと思っていることが挙げられます。

仕事は楽しみつつも本気で取り組むべきものだと考えている人は、自分がしている仕事に責任と誇りを持っているので、言い訳をすることは一切ありません。

私が尊敬している取引先の社長で、株主総会の10分プレゼンのためにカラオケＢＯＸに一人で行って、5時間かけて30回もプレゼンの練習をしている方がいます。

「なぜ、そんなに練習するのですか？」と聞いたところ、その方は「失敗して言い訳をしたくないので」と仰いました。

もし、言い訳をしたくなった、あるいは実際に言い訳をしてしまったら、今一度、自分が仕事に対して本気になれているかどうかを確認するようにしてください。

言い訳をしてしまうのは、仕事に全力で取り組んでいない証拠！

「忙しかったので…」「一通りはやっていたのですけど…」などと言い訳をする人は、誰からも信用されない。逆に、このように言われると、その人とは距離を置こうと思うはず。自分が言われて嫌なことは言わない。

損 する言い方

「最近、バタバタしてまして…」
「一応、気をつけてはいたのですけど…」

得 する言い方

「私の段取りが悪かったです」
「しっかり準備できていませんでした」

素直に反省の弁を述べることができる人になろう。そして、本気で仕事に取り組めば、しくじって言い訳をすることもなくなり、仕事、そして人生がどんどん充実していく。

22

「何も聞いておりません」と責任転嫁しない

仕事はどんな場面でも自己責任

ビジネスパーソン向けのウェブメディアの取材を受けた際に、記者の方から「最近は『出世したくない』と言う人が増えている」ことを教えていただきました。私も企業研修先で、それを実感することが多々ありました。

そのように感じた人たちに、「なぜ、出世したくないのか？」と聴いてみたことがあるのですが、口々に「責任を負いたくないから」と言うのです。出世したいかどうかは個人の考えなので特に気にはならないのですが、〝責任を負わされることは損なことだ〟と考えている印象を受け、その点がすごく気になりました。

流通業のある会社から「クレームで現場が疲弊しているので助けてほしい」と言われ、

クレーム対応の研修を引き受けたことがあります。研修前に、その会社のお客様相談室に入ったお客様のクレームの通話録音を聞かせてもらうことができました。

流通業のお客様相談室に入るクレームでは、実際に店舗を利用したお客様が現場で「クレームを言ったのに、ちゃんと対応してくれなかった」という不満を伝えてくるケースがほとんどです。

クレームの通話録音を聞いてわかったのですが、お客様が訴えかけていた内容は、接客した従業員の「会社で決まっておりますので…」「私はこちらの担当ではありませんので…」という**〝責任転嫁の言葉〟に腹を立てている**のです。「無責任、極まりない！」「どういう教育をしている！」と、お客様が怒る気持ちがよくわかる内容ばかりでした。

責任転嫁する人の特徴として、人のせいにしたり、自分はあたかも関係者ではないような言動で、その場をごまかそうとしたりします。それは、〝トラブルに巻き込まれたくない〟という気持ちが人一倍強いためです。

誰もが毎日平和で、トラブルになんか巻き込まれたくないと考えることは仕方がありませんが、責任転嫁することによって、悲しい気持ちになるお客様とそれをフォローしなければならない同僚が存在することを忘れてはいけません。**自分が責任を持たないことで、**

他人に嫌な気持ちを与えたり、迷惑をかけたりすることはやめるべきです。

この会社のお客様相談室の責任者の方が仰っていましたが、責任転嫁してお客様を怒らせてしまった従業員に「あなたの対応がよくないというクレームがあったが、実際はどうだったのか？」と事実確認をすると、決まって「会社からはどうすればいいのか、指導がなかったので」「私は悪くないのに損した気分です」「このお客様のせいで、その日は仕事にならなかったです」と、最後まで自分の責任ではないことを主張するようです。

責任を負うことで仕事は楽しくなる

責任を負いたくないと考え、責任転嫁しながら仕事をしていると、仕事がつまらなくなるのではないでしょうか。また、仕事の時間が、我慢の時間になってしまうはずです。

ここで、私からあなたに質問があります。

あなたにとって仕事をすること、働くことは一体、何なのでしょうか？

私は、自分が仕事を通じて成長し、目の前の人の問題を解決して笑顔にすることで、人と社会を輝かせることだと考えています。収入は、自分が成長して人と社会を輝かせた量

に比例して入ってくるものだと考えています。この本も読者のあなたを笑顔にし、よりよい仕事や人生を過ごしてもらうために執筆しました。

自分の生活を楽にするためにお金を稼ぐ目的で仕事をすることを否定しませんが、お金を稼ぐことが仕事をする目的の一番目になると、仕事を目先の損得（利益）だけで考えるようになってしまいます。

先ほど紹介した流通業の会社で働くパートの女性が「こんな少ない時給でクレームを言われるのは損なので、クレーム手当をつけてほしい」と言ってきたそうですが、仕事をすること、働くことの本質を勘違いしている典型的な例だと言えます。

「責任を負いたくないから」「責任を背負うことは損だ」と言って、出世したくないと考える人に知っておいてほしいことがあります。**責任を背負えば背負うほど、仕事は楽しくなる**、ということです。責任がない仕事をしていても、楽しくなることはありません。なぜなら、上司の指示を待たないといけない、自分で何も物事を決めることができないからです。

実は、**責任から逃げ続けると、損してばかりで得することは一切ない**と、考え方を改めるようにしてください。

仕事を通じて成長していくと、できることが増えていきます。自分の武器が増えていくのです。人間は、自分で成長したと感じると、物事を楽しく感じることができます。また、成長していくと、組織では責任ある仕事を任されるようになり、必然的に出世することにもなるでしょう。

出世したときの最大のメリットは、権限を与えられることです。自分の知恵や今までの経験を武器にして、自分で物事を決断して仕事を進めることができるようになります。また、成長して出世すれば、必然と収入も増えていくことは容易に想像できるでしょう。

ゲームが好きな方ならわかると思いますが、レベルが低いままだと使えるアイテムや武器がなくて苦労しますが、成長してレベルが上がると魔法や強力な武器などが使えるようになって強敵を倒すことができたり、仲間を救うこともできたりします。このように、成長を実感できるからこそ、楽しくなるのではないでしょうか。実は、仕事とゲームはとても似ているのです。

もし、あなたがよく責任転嫁をしてしまうなら、いかなる場面でも誰かのせいにしたり、ごまかしたりしないと決心してください。仕事はどんな場面でも、責任を負って向き合うことによって、今のステージをクリアして自分の成長につなげることができます。

責任逃れをすると堕落していくだけ。何事にも責任を負って向き合えばステージは上がる

「世の中が不景気だから」「会社がよくない」「上司の指示が悪い」というように周囲のせいにして責任逃れをすると、あなたは成長する機会を失い続ける人生を過ごすことになる。

損する言い方

「何も聞かされていません」

「会社で決まっていることなので、どうにもできません」

得する言い方

「すべて自分に責任があります。確認を怠りました」

「何ができるかを考えさせてください」

あなたに起こったことをすべて、あなたの成長のために利用するぐらいの気持ちを持つ。仕事の本当の楽しさは、自分の成長を実感したときに得られる。

23

「大したことはないと思っていました」と問題を小さくしない

失敗を隠したり、小さく見せようとしたりしてはいけない

自分の怠慢な仕事ぶりで、お客様からお叱りを受けたにもかかわらず、上司に相談せずに自分で何とかしようとしたり、事実をきちんと上司に報告しなかったりした経験はありませんか？　私は若いころに、そうしてしまったことがあります。

私の場合は、自分がミスした内容をいかにも大したことがないように小さな問題として上司に報告し、その後、自分で処理をしてしまったのです。

しかし、その結果、大きな問題に発展し、多くの人に迷惑をかけてしまいました。私のことをとても可愛がってくれた上司も失望させてしまい、社会人として失格だったと、今でも深く反省をしています。

その後、その上司から次のように、今でも忘れられない言葉をかけられました。

「失敗したり、お客様を怒らせてしまったりすることは仕方がない。ただ、**隠そうとするな。問題を小さくしようとするな。**ちゃんと事実を報告してこないということは、上司として信用されていなかったということ。それが、俺は一番悔しい」

〝上司をがっかりさせたくない〟〝期待に応えたい〟という気持ちが悪い方向に進み、私は大きな問題を小さな問題にすり替えようとしたのです。その結果、上司の期待を大きく裏切ってしまったのです。

ミスを小さくしたり、もみ消そうとしたりするのは、完全に自己保身のためだけの行動です。今だから言えますが、失敗を隠そう、小さく見せようと行動していたのは、〝今の自分〟しか見ていなかったからです。

それは、10年後、20年後には、自分は「こういう人間になっていたい」「こんな実力をつけて、みんなから喜ばれて社会で活躍していたい」という〝自分のありたい姿〟を明確にしていなかったことが原因です。

〝こうなりたい〟という未来の自分の理想を持っていれば、ミスを小さくしてごまかそうとする必要はありません。中・長期の視点を持って仕事に取り組むことができていれば、

事実をそのまま上司に報告し、頭を下げて助けを求めていたでしょう。

ここで紹介した話は、私の人生において代表的な失敗談の1つですが、このことがきっかけで問題やトラブルが起きたときの考え方が大きく変わりました。

相手の感情を優先して問題を大きく捉える

実は、**問題を大きくすればするほど、相手の怒りが小さくなる**ことをご存知でしょうか？　そうなのです。自分の失敗は、ごまかそうとしたり、大した問題ではないように仕向けたりするのではなく、大ごとにするほうが断然よいのです。

例えば、クレーム対応でも「ゲーム機が動かない。不良品を送ってくるな！」というクレームに対して、冷静な態度で「説明書はお読みいただけましたか？」と伝えたところで、「何度も読んだ！　バカにするな!!」と、もっと怒られてしまいます。

大した問題ではないと思う対応者は、**すごく怒っている相手に対して、なだめようとしてしまうものですが、これは明らかに逆効果**です。

仮に、大したことではないと思っても、「えっ！　そんなことが!?　それは大問題です!!」と大きなリアクションをして、大ごとにしたほうがよいのです（笑）。

ポイントは、怒っている人より自分のほうが高いテンションでリアクションをとると、相手が落ち着くということです。なぜなら、大きなリアクションを見た相手は、「あっ！　私がすごく困っていることをわかってくれた」と思うようになるからです。

上司と対話する場面でも同じです。「おい！　あれ、どうなっている？」と言う上司は、おそらく先日指示した仕事の進捗状況をあなたが報告してこないことに対して腹を立てています。しかし、上司が質問してきたことに対して「何でしたっけ？」というように質問で返してしまうと、上司を激怒させてしまうことは容易に想像できるでしょう。

そこで、「あっ！　プレゼンの件ですよね。報告が遅れて失礼しました!!」と**少し慌てたような〝反省の言葉〟で切り返すと、相手（上司）は怒れなくなる**ものです。

ここまでの事例は少しテクニック的な話になってしまいましたが、本質的な部分としては、**相手の感情を優先して、問題を大きく捉えることが大切**だと理解してください。

お客様相談室時代に私の対応がよくなかったために、お客様をさらに怒らせてしまい、「上司を連れて謝りに来い」と言われたことがあります。当時の私はすでにお客様相談室の責任者でしたので、私の上司となると役員になります。

恥ずかしい気持ちでいっぱいでしたが、役員に頭を下げて「ご同行をお願いします」とお願いをしました。その役員は嫌な顔をせず、遠方にもかかわらず、私と一緒にお客様のご自宅まで謝りに行ってくれたのです。

お客様のご自宅で、役員から驚きの言葉がありました。

「私どもの対応で、お客様に嫌なお気持ちを与えてしまった責任は、私にあります。私の役員報酬を1年間全額カットすることをお伝えしに伺いました。このたびの件、**弁解の余地もございません**」と言って、深々と頭を下げたのです。

あまりにも大ごとになったことで、お客様のほうが恐縮されて「いえ、そこまでは大丈夫です。私が少し感情的になりました。私のほうこそ、申し訳ございませんでした」と逆に謝られてしまいました。

役員の言葉が本心だったのかどうかは確認していないのですが(笑)、**問題を大きく捉えて反省の気持ちを見せると、相手は冷静になる**ことがよくわかるエピソードでした。

トラブルや問題を大きく捉えると、怒っている相手は冷静になる

得 する言い方

「ご迷惑をおかけし、弁解の余地もありません」
「自分が情けないです。お詫びの言葉もございません」

相手が「そこまでは言っていない」「それほど大ごとではない。大丈夫です」と言うぐらい、トラブルが発生したときや叱責を受けたときは真摯に受け止めて深く反省する。

損 する言い方

「大したことはないと思うのですけど」
「私の認識がちょっと甘かったかもしれないですけど」

自分の感覚で物事を小さく捉えたり、大した問題ではなかったように言ったりしない。大ごとになったときに「これは大問題だぞ」と指摘を受けたり、周囲の人をガッカリさせたりしてしまう。

24

「すみませんでした…」と謝って終わりにしない

謝罪シーンでは同じ過ちを繰り返さないために何をやるべきかが明確になる

最近、あなたが一番怒られたことは何ですか？

「部下のせいなのに、なぜか私が上司に怒られました」「毎日のようにクレーマーから文句を言われます」「妻の機嫌が悪いと八つ当たりされます」――。

怒られることが、いろいろあるのかもしれません。仕事でもプライベートでも〝謝罪をしなければいけない場面〟は、あらゆるところで発生しています。

しかし、**〝謝罪をしなければいけない場面〟というのは、自分の人生をよりよくする絶好の機会**だと私は考えています。なぜなら、自分たちの仕事の至らない部分や自分の短所が浮き彫りになるからです。謝罪するということは、反省して今後どうするべきかが明確になったと喜ぶべきことなのです。

今、私自身は起業して自分で事業をしているので、直属の上司はいません。また、よいことなのか悪いことなのかわかりませんが、取引先や講演の主催側の方々から「谷先生」と呼ばれて持ち上げていただけることが多く、怒られることもありません。このように、誰からも怒られることがないので、自分自身で自分を律していかないといけません。

また、私の妻は人格者なので、私の至らない部分に関しては目を瞑《つむ》ってくれているのかと思いますが、機嫌が悪いからといって八つ当たりされることもありません。

だから、毎日が怖いのです。自分は本当に、これで大丈夫なのだろうかと。

誰からも怒られない、頭を下げなくてよいなんて、ストレスもなくて羨《うらや》ましいと思うかもしれませんが、自分の考え方や仕事ぶりに問題がないのかがわからないので、いつも不安な気持ちしかないのです。

〝サイレントクレーマー〟というお客様がいることはご存知でしょうか？

〝物を言わないクレーム客〟という意味です。クレーム客は自分の不満をぶつけてくる人が多いように思うかもしれませんが、それと同じぐらい〝次も使いたいのに、こんなことでは困る〟〝次も利用したいから、ちゃんとしてほしい〟と思ってクレームを言うお客様

が多いのです。

しかし、サイレントクレーマーは、〝もう使わない〟〝次は絶対に利用しない〟と考えるので、クレームを言わずに黙って去っていきます。その代わりに、SNSで社名や店の名前までさらして、悪い評判を世界中に広めてしまいます。直接クレームを言ってくるお客様よりも怖いお客様なのです。

あなたは、なぜ怒られたのでしょうか?

そうです。相手から期待をされていたのに、裏切ったからです。クレームによって、〝こうなってくれたら嬉しい〟ということをお客様から教えてもらえているのです。お客様に愛想を尽かされて、黙って去られていないことを感謝するべきです。

謝罪の場面こそ、相手に期待されているのだと肝に銘じ、自分は何をやるべきだったのかに気づいて、同じ過ちを繰り返さないようにしましょう。

感謝できると、考え方も行動も変わる!

あなたは怒られたときの最後に、どのような振舞いをしていますか?

逆ギレして「やられたらやり返す! 覚えてろ!!」と言い捨てて立ち去る人はまずいな

いとは思いますが、「すみませんでした…」と黙ったまま、落ち込んだ様子を見せてしまったりしてはいないでしょうか？

逆に、怒ってしまった相手の立場になるとわかるのですが、落ち込んでほしいから怒って言ったわけではありません。相手は、同じことを繰り返さないようにしてほしいと思っているのです。もっと言えば、これを機会に、考え方と行動を変えてほしいと願っているのです。この点については、絶対に忘れないでください。

怒られたときこそ、最後は相手に〝感謝の言葉〟や〝気づきの言葉〟を投げかけるようにしてください。「ご指摘いただき、ありがとうございます」「気づくことがたくさんありました」と言えたら、とてもよいと思います。**最後の印象がとても大切**なのです。

クレーム対応の現場でもまったく同じです。「申し訳ございませんでした」と謝ってその場を離れたり、電話を切ったりしてしまうと、お客様は不満を持ったままでスッキリしません。クレーマー扱いされたと思うからです。

クレーム対応の最後に、「**私どもの至らない点を教えてくださり、ありがとうございます**」「他のお客様にも同じように嫌な気持ちを与えていたということに気づけました。**ご指摘くださり、ありがとうございます**」と感謝と気づきの言葉で終わるようにしてください。

お客様は、〝私の意見を受け止めてくれた〟〝仕事のやり方を変えるきっかけにしてくれた〟

と考え、〝クレームを言ってよかった〟と思うようにもなるのです。

「あの会社は、クレームを言っても、きちんと対応するから信用できる」とSNSでよい書き込みをしてくれるかもしれません。そして、その書き込みを見た他の人がリツイートして拡散されてネットで話題になるケースは、最近ではよくあることです。

先日、あるテレビ番組の収録で担当ディレクターさんが、私とタレントさんとの絡みの部分で事細かに指示していただいたにもかかわらず、本番で私が大失敗してしまい、オンエアではその部分の絡みはすべてカットになったことがありました（ご迷惑をおかけしました）。

収録終了後、ディレクターさんから「あの場面は、こう伝えていただきたかったです」と叱られたときは、不謹慎にも謝罪をしながら「うわっ、叱ってもらえてる。よかった！」と、少し喜んだぐらいでした。何も言われなければ、次の出演オファーはないと思ったからです。「ご指摘、ありがとうございます！」と言ってスタジオを後にしました。

数か月後、そのディレクターさんから再度、出演オファーをいただき、前回の反省を活かしてうまくできました。収録終了後、「谷先生！　さすがですっ!!」と言ってもらえたときは本当に嬉しくて、ご指摘をいただいたことに感謝の気持ちでいっぱいでした。

怒られたときは、自分のダメなところを指摘してくれたことに感謝しよう！

得 する言い方

「ご指摘いただき、ありがとうございました」
「気づくことがたくさんありました」

謝罪と感謝の両方を堂々と言葉にできる人は、成長を続けることができる。そうすることで、様々なチャンスをつかみ、仕事もプライベートも人生のすべてがうまくいく。

損 する言い方

「すみませんでした…」と、落ち込んでいる様子を見せる

黙っていると、怒った相手はどう受け止めてくれたかがわからない。相手は、落ち込むよりしっかり反省して、考え方と行動を変えてほしいと願っていることを認識する。

第4章のまとめ

謝罪で「損する言い方」「得する言い方」

17

● 自分を守らない

損する言い方「私に言われましても、わからないですね」
得する言い方「私の確認ミスかもしれません。申し訳ありません」

18

● 謝罪を連発しない

損する言い方「申し訳ありません！ 申し訳ありません！」
得する言い方「至らず、情けないです。本当に申し訳ありません」

19

● すぐに許してもらおうとしない

損する言い方「再発防止に努めます」
得する言い方「お話しいただいたこと、よくわかりました」

20

● 反論してはいけない

損する言い方「申し訳ないとは思っています。でも…」
得する言い方「この点が十分ではなかったということでしょうか？」

21

● 言い訳しない

損する言い方「最近、バタバタしてまして…」
得する言い方「私の段取りが悪かったです」

22

● 責任転嫁しない

損する言い方「会社で決まっていることなので、どうにもできません」
得する言い方「何ができるかを考えさせてください」

23

● 問題を小さくしない

損する言い方「大したことはないと思うのですけど」
得する言い方「ご迷惑をおかけし、弁解の余地もありません」

24

● 謝って終わりにしない

損する言い方「すみませんでした…」と、落ち込んでいる様子を見せる
得する言い方「ご指摘いただき、ありがとうございました」

第5章

言葉を変えるだけで「笑う門には福来たる」

25 「めんどくさい」と言わない

面倒なことを率先してやる

〝めんどくさいな〜〟と思ったことを、あえてどんどんやるようにすれば、よいことしか起きないと私は考えています。

「楽な仕事」と「面倒な仕事」の2つがある場合、後者の面倒な仕事を率先して選択し、どんどん実行すると、後々の自分の助けになることが多いからです。

私の周りでも地方銀行の本店営業部で大活躍している知人は、新人のころから資料作成のコピー取りを率先して上司から引き受け、コピーを取りながら自分がいつでも、この取引先を担当できるように資料に記載された経営状況や指標を読み込んでいたそうです。

数年後、彼は実際にその取引先の担当になり、経営の立て直しに成功したことが評価さ

れ、若くして大きな仕事を任される立場になりました。このように、「リアル半沢直樹」は存在するのです。

　また、アクセスが悪く人気のない温泉地にあるにもかかわらず、いつも予約でいっぱいの旅館の支配人は、旅行サイトの宿泊者の口コミ投稿欄に悪いことを書かれると、「せっかく当旅館をご利用いただいたのに、ご期待に応えられず悔しいです。反省しかありません」という内容を長文で返信投稿することをやり続けています。

　それを目にした悪い書き込みをしたお客様が感動され、つまり、怒りが笑顔に変わって次回の予約を入れてくれるそうです。さらに、その支配人の真摯な返信投稿を見た新規のお客様が支配人の人柄にすっかり魅了され、「この旅館は信用できる」と考えて予約をしてくるようになっています。

　ここで紹介した例のお二人に事情を直接聞いたところ、お二人ともに「『めんどくさい』とか、『こんなことをやっても意味がない』と言って**他の人がやろうとしなかったり、後回しにしてしまったりすることこそ、『逆にオイシイかも』と考えてやる**ようにしています」と、笑いながら話してくれました。

　一方、取引先の管理職の方から相談された話ですが、その方が部下に仕事の依頼をすると、「それは今、やらないといけませんか？」とか「私がやる意味はあるのですか？」と

言って、〝面倒な仕事はやりたくない〟という気持ちを全面に出してくるそうです。
そうした部下に仕事を押しつけて、「パワハラだ！」と騒がれるのが嫌で、結局、自分でやってしまうことが多いようです。

仕事をやる意味というのは、後になってわかるものです。したがって、「逆に、オイシイかも」というように自分で意味づけして様々な仕事に取り組むようにすれば、自分の仕事の幅が広くなります。そうなると、社会人としての成長もぐんぐん加速していきます。

自分の快適な場所から一歩出る

生きていくなかで一番もったいないことは、何も煩わしいことがなく、頭を使うこともなく、自分にとって快適で楽な時間を過ごし続けることだと私は考えています。

「それのどこが悪い？　誰にも迷惑をかけていないからいいでしょ！」と反論する人には、「人生が終わるときに後悔するかもしれませんよ」と私は言いたいのです。

あなたも大人になり社会に出てから学生時代のことで思い出すのは、「あのときは大変だったけど、よく乗り越えた！」「失敗したけど、やってよかった」「時間はかかったけど、努力したことで多くの人に喜ばれた」というように、あきらめずに行動したこととか、勇

気を出して一歩踏み出したこととか、苦労が実になったことではないでしょうか。

苦しい経験がよい思い出になることはよくあります。

「自分がそれをやることで、何の意味があるのか？」と言う人は、いつも快適な場所に踏み止まろうとするので、よい思い出をつくることができません。

苦労して大変だったときの思い出ほど、楽しいものはないと私は考えています。**幸せの有難みを感じ取ることができるのは、努力したことがカタチになったとき**のはずです。そういった思い出が何もない人生は、ちょっと寂しいのではないでしょうか。

話は変わりますが、「この商品、不良品ではないか!?」とクレームを言われたときに、〝これ以上、怒られたくない〟と思って、新しい商品に交換して何とか解決しようとするより、商品を預かってきちんと修理してから返すほうがお客様の満足度が上がります。

なぜなら、前者の場合は新しい商品に交換するだけで、自分たちに非がなかったこととして終わらせているような印象をお客様に与えるのに対し、後者の場合は「問題に向き合ってくれた」「一生懸命やってくれた」とお客様は思うからです。**クレームも、楽をして終わらせようとしてはいけない**のです。

クレーム対応の専門家として、様々な企業のお客様相談室の責任者の方々とお話をして

いるときにいつも思うのは、彼らの〝**人間力**〟が高いということです。

人間力とは、相手を理解しようとする力のことです。クレーム対応の場合であれば、恐れずに勇気を持って相手を理解しようとして行動に移すことができる力です。

クレーム対応という厳しい局面に置かれたときに、お客様相談室の責任者の方々だって、本当は逃げたいという気持ちはあるはずですが、ビビりながらも勇気を持って一歩足を前に踏み出して、お客様の話に理解を示し、問題に向き合おうとしているのです。

1つのクレームの問題を解決するときには多くのことを学べるので、必然的に人間として大きく成長していけるのでしょう。

彼らは、「あのクレームは大変だった！」「こんなお客様がいて仰天《ぎょうてん》したが、少々のことでは驚かなくなった」「最初はムチャクチャ怖かったけど、勇気を出して向き合ってみたら、よいお客様でした」と、過去に苦労したお客様のことを楽しそうにお話しされます。ちなみに、某企業ではクレーム対応をした社員は「勇者」と呼ばれて社内で称賛され、クレーム対応マニュアルのことは「勇者の掟」とネーミングされています（笑）。

人生の醍醐味は、面倒なことや勇気のいることに取り組むときに味わえる

自分が楽をしようとすると、生きている意味を見失う。めんどくさいことをしたときにこそ、達成感を感じることが多い。

損 する言い方

「めんどくさい」
「こんなことをやっても意味がない」

得 する言い方

「逆に、オイシイかも」
「今になってみれば、よい思い出になった」

災い転じて福となす。楽な仕事からは、学ぶことも成長する要素も見つけられない。「やってよかった」と言えるのは、〝面倒な仕事〟ばかり。

26

「自分には向いていない」と逃げない

逃げるヤツは自分の判断を正当化しようとする

「転職しようかどうか、迷っています」と、お悩みの方に朗報があります。

もし、「今の会社にすごく貢献しているのに、会社からあまり大切にされていない」と言い切れるなら、ぜひ転職してステップアップをめざすべきです。むしろ、独立して起業したほうがよいかもしれません。

そうではなくて、「今の仕事は自分に向いていないと思うので、転職するべきかどうか、悩んでいます」と言うのなら、転職はおススメしません。

なぜなら、目の前の仕事に真剣に向き合わずに「自分に向いていない」と理由をつけて、自分を正当化しているだけだからです。要するに、ただ逃げているだけなのです。

先日、転職サイトを運営する企業の方から、次のような興味深いお話を聞きました。「今の会社はブラック企業なので辞めたい」と言う転職希望者は、次の就職先がまったく決まらないようなのです。

それは、「この仕事は自分に向いていない」という自分の主観的な考えだけで、今、在籍中の会社のことをブラック企業だと思い込んでいるからだと担当の方が教えてくれました。当然ですが、そのような転職希望者は、今の会社で成果を出していないので、人手不足の会社でさえも採用しようとは考えません。

同じ会社にいても、真剣に仕事に向き合って成果を出している人は、自分の勤めている会社のことを「ウチはブラック企業です」と言わないのです。

ここで、**ポイントとなる重要な問題は、〝逃げている〟こと**です。

逃げると、やるべき仕事をどんどん後回しにしてしまいます。「やりたくない」という気持ちがどんどん大きくなります。すると、会社にも行きたくなくなります。理由をつけて遅刻したり、会社を休んだりしてしまいます。そうなってしまうと、上司や同僚からも冷たい態度をとられて、誰にも相談することができずに、どんどん追い込まれていきます。そして、この事態から逃れようとして、転職を考えてしまうわけです。

このように考えてしまう人の場合、自分のことを悪者にしたくないので、「この仕事は自分に向いていない」と正当化するようになります。どうですか⁉

今、あなたが転職を考えているなら、ドッキリするはずです。なぜ、こんな見事な分析ができたのかと言うと、私が過去にある上司から「数字が上がらない営業マンほど、商品が売れない理由の説明がうまい」と冷たく言われたことがあったからです(笑)。

実は、私自身も営業成績が上がらず、〝この仕事は自分に向いていない〟と考えて、転職しようかどうか、悩んでいる時期があったのです。経験者だからこそ、ここまでしっかり分析できてしまうわけです。自慢にはなりませんが…。

何でも面白くなるように工夫する

逃げたいと考えている人に「逃げるな!」と言うのは簡単ですが、当の本人からすると、追い込まれている状況なので、逃げること以外は考えられないのかもしれません。

では、こうした状況で、私はどうしたのか?

結論から言いますと、転職を選択しませんでした。だからと言って、向いていない仕事を日々我慢して耐え抜いたわけでもありません。

〝面白く仕事をする方法〟を考えようとしたのです。そのきっかけは、追い込まれた状況から抜け出す方法を見つけようとして手にした中谷《なかたに》彰宏《あきひろ》さんの著書の『25歳までにしなければならない59のこと』（ダイヤモンド社）に書かれていた「遊びも真剣にやれる人が、仕事を広げられる」というフレーズでした。

「すごいな〜。こんなことが実現できれば、毎日が夏休み同然だ！」と、一種の理想の人生像を見つけた気になったことを今でもよく覚えています。

そのときに気づいたことは、仕事が面白くないのではなくて、自分が仕事を面白いようにしていないということでした。〝できないから、逃げたい〟と思っていたのです。

そして、**逃げずに仕事のやり方を工夫することで、できないことができるようになり、成果を出すことができれば、仕事が面白くなる**はずだと仮説を立てました。

当時、私が仕事で逃げたかったのは、新規客開拓のために、営業の電話でアポイントを取ることでした。取引を開始したいと考えた企業に「商品の説明でお邪魔したい」と電話しても冷たくあしらわれたり、メールで連絡してもまったく無視されたりするのが嫌だったのです。なぜなら、私の存在すべてを否定されているように感じたからです。

そこで、仕事を面白くするために〝自分の強みを活かせないか？〟と考えました。

実は、私の最大の強みは、上司から「商品が売れない理由の説明がズバ抜けてうまい」と嫌味を言われるぐらいのトーク力、つまり、口がうまいことでした（笑）。

そうした強みを活かすことにしたのです。一社一社、電話でアポイントを取るのではなく、「勉強会のお知らせ」と書かれた手づくりの無料招待券を入れたＤＭ（ダイレクトメール）を各社に送って、お客様を集めて私自身が講師を担当しました。そして、勉強会の最後に、一番売りたい商品の説明をする営業手法を展開したのです。

こうした手法は今でこそ、多くの会社が導入して実施していますが、20年以上前に実践していたのは、私と一部のコンサルティング会社だけだったはずです。

この勉強会では、私が講師として壇上に立っているので、お客様からは「先生」と呼ばれます。商品を売り込む営業マンというよりはコンサルタントの位置づけとなるので、お客様がお金を出して商品を契約してくれているのに、「よい商品と出会えました。先生、ありがとうございます！」と、お礼まで言われました。

〝できないこと〟ができるようになり、「仕事って面白い！」と、心からそう思える経験をすることができたのです。あなたも、明るい未来への道を切り拓《ひら》くために、「自分にはできない」と逃げないようにしましょう。

逃げることをやめて、自分の得意なことを活かす方法を追求する

〝逃げの言葉〟を使っている限り、逃げ癖がついてしまう。面白い仕事が最初からあるわけではない。仕事が面白くなる突破口は必ずある。答えは自分が持っている。

損 する言い方

「この仕事は自分には向いていない…」

「この仕事が嫌だ。辞めたい…」

得 する言い方

「向いていないのではなく、工夫していないだけだ」

「できるようになると、面白いはず！」

追い込まれた状況から脱出するために、智恵を絞って創意工夫を凝らす。簡単にはあきらめない。「仕事が面白い」と言えるようになるまで、試行錯誤を繰り返す。

27

「何も楽しいことがない」と愚痴を口にしない

夢と目標がないから毎日がつまらない

先日、「自分は負け組だと思います」と言う人と出会いました。「なぜ、そう思うのか？」と聞いたところ、学生のころからの〝お笑いタレントとして活躍したい〟という夢に挫折して、仕方なく会社勤めをしていると教えてくれました。

また、「今、働いている職場は仕事ができない人ばかりの集まりで、ストレスが溜まる」「仕事をしていても、何も楽しいことがない」と不満ばかり言うのです。

そもそも、人生に勝ち組・負け組なんてないと私は考えていますが、自分のことを負け組だと考える人は負け組なのかもしれません。

〝お笑いタレントとして活躍したい〟という夢をあきらめたのは彼自身であり、今の会社に入って仕事することを決めたのも彼自身です。今の職場の同僚のレベルが低いと見下し

てストレスを溜めて、**「楽しくない」と嘆いているだけでは、その状況から何かを変えることはできません。**

ただ、私にも経験があるのですが、夢に挫折したり目標が叶わなかったりすることが多ければ多いほど、ストレスを溜めたり、毎日が楽しく感じなくなるのはわかります。「自分は負け組だ」と考えてしまうことも理解できます。

私自身は短所だらけで、ここまでの人生は失敗の連続でしたが、今の自分に1つだけ長所があるとすれば、常に夢と目標を持ち続けて、それに向けて行動することをずっと続けているところです。

もちろん、叶わなかった夢の数は数え切れませんが、夢が破れるたびに一旦リセットして、次の新しい夢と目標を立てて胸を高ぶらせて行動しています。

逆を言うと、夢や目標がなくて「何か楽しいことはないかな」と暇を持て余してダラダラしてしまうのは嫌だったので、常に新しい夢や目標を見つけていたわけです。

夢や目標というものは執着したり、夢破れて引きずったりするよりも、私のように環境や、そのときの心境に応じて変化させていけばよいのです。

私の大学の後輩、駒田権利《こまだけんり》さんは、「サーフィンを極めたい」と言って会社員を辞めて、

毎日サーフィンをするために海の近くの和食屋にアルバイトとして働き始めたのがきっかけで、寿司職人をめざすようになりました。その後、夢が叶い、現在は三重県伊勢市で寿司処「こま田」を開業し、ミシュランで三ツ星を獲得する有名寿司職人になっています。

また、私の20年来の友人である岡田章宏《おかだあきひろ》さんは、出会ったころは京都の呉服屋さんに勤めていたのですが、時代の流れで廃業して職を失ったことがきっかけとなり、カフェでアルバイトとして働き始めました。そこでバリスタという職業の存在を知り、その後、世界大会にも出場する日本一有名なバリスタになって、現在は独立して京都で超人気のカフェ店「Okaffe kyoto」を経営しています。

特に、会社員や組織に属している方は、異動で職種が変わる人も多いと思いますので、「ずっと、この仕事をしていたかった」と落ち込むよりも、駒田さんや岡田さんのように、新しい場所で大車輪の活躍をする、といった夢や目標を持てばいいのです。

充実度は〝自己満足の時間〟に比例する

私は仕事で20代や30代の会社員の方と接する機会が多いのですが、ハッキリとした夢や目標を持っている人が少ないように感じています。

ずっと見つからない人もいますし、絶対に持っていないとダメだとまでは申し上げませんが、**夢と目標があれば人生は飛躍的に楽しくなる**、と私は考えています。

夢が叶い、目標を達成することができれば一番よいのですが、夢や目標があるだけで、人生に変化が生まれます。また、夢や目標に向かって努力をしていくプロセスで、大きな満足感を得ることができます。

「努力は必ず報われる」という言葉があります。でも、ある講演先の小学校の校長先生に「子供の教育や成長を促すための言葉で、社会に出た大人には不向きな言葉です」と言われたことがあります。私も「確かに、そうかも」と一瞬思ったのですが、次のように考え直しました。

人は報われるかどうかに一喜一憂するのではなく、夢や目標に向かっていくプロセスの時間を毎日噛《か》みしめることで、自分の人生をより充実なものにすることができるのです。

夢は大きなものでも構いませんが、**〝自己満足の時間を増やす〟**ことを優先してください。

具体的には、到達可能な目標を細かく設定して、１つずつクリアすることで、「達成できた！」という実感が得られる機会を増やしていけば、充実感をより多く感じられて、自分の人生が楽しくなるでしょう。

私自身は、クレームの専門家として活動するなかで、夢と目標を持つことで充実した時間を過ごせています。それは、夢を叶えるため、あるいは目標を達成するために自分の知識やスキルを高めようと、自分なりに努力を継続することができているからです。

私の一番の夢は、「クレームのない笑顔で溢《あふ》れる社会をつくる」というものです。この夢を実現するために、クレームで困っている多くの人にクレーム対応法を知ってもらおうと、全国各地で開催される講演や企業研修に登壇したり、クレームを前向きに捉える人を増やそうと、テレビ番組でコメントをしたりしています。

さらに、お客様を笑顔にしようと仕事に熱く取り組む人をもっと増やすために、本を書き続けることが、今の私の目標です。

「今日は、これができた」「次は、こんなことに挑戦してみよう！」という毎日の連続です。「昨日の自分から少しでも成長できた」「夢に少しだけ近づいたかも」と自分で思えて、そうした自己満足の時間を過ごすことで、幸せを感じています。

夢と目標は、人生と仕事が楽しくなるために存在する

自己満足の時間を増やすために、夢と目標を立てる。小さなものでも構わないので、夢と目標を持つようになると、暇な時間を持て余したり、愚痴を言ったりしなくなる。

損する言い方

「何か楽しいことないですかね？」

「あ〜、ストレスが溜まる」

得する言い方

「毎日、楽しく過ごせている」

「昨日よりも成長できた」

夢が叶わなかったり、目標が達成できなかったりしても構わない。夢や目標に向かって努力を続け、昨日より自分ができることを増やしていく。そうすることで、自己満足の時間が増えるようになる。

28

「自分は運が悪い」は禁句

ネガティブな情報には近づかない

メディアから流れてくる暗いニュースを見て、気持ちまで暗くなったりしていませんか？
ネットニュースのコメント欄を見て、自分に関係ないことなのに、自分のことのように腹を立てたりしていませんか？

そうした時間があるなら、自分が楽しい気持ちになることを探しましょう。

心理学の有名な先生から聞いた話ですが、人間は明るいニュースや、うまくいったときのことは意外にもあまり記憶に残らず、暗いニュースや自分がうまくいかなかったことのほうがいつまでも覚えているのだそうです。

また、これは脳科学の有名な先生から教えてもらったことですが、会社から独立して起業する人が少ないのは、次のようなことが理由として考えられるようです。

事業で大成功してお金持ちになった人のよいニュースは印象に残らず、身近な人が事業に失敗して多額の借金を抱えて失踪するようなことがあると、その事実が脳に強くインプットされ、〝起業をしたら必ず失敗する〟と思い込んで、起業に挑戦する意欲をなくしてしまうのだそうです。

したがって、ネガティブな情報は人の気持ちを暗くしてしまうので、極力目に触れないようにしたほうがよいのかもしれません。仮に、そうした**ネガティブな情報を受け取ってしまっても鵜《う》呑《の》みにせず、よい面があったことにフォーカスする**必要があるのです。

自分にとって嫌な出来事が起きると、「なぜ、自分ばかり嫌な目にあわないといけないのか？　自分はいつも運が悪い」と恨み節を口にする人がいます。私もそうでした。

「自分は運が悪い」が口癖になってしまっていたときの私は、ネガティブな感情で支配されていました。せっかく大きな仕事を担当することになっても、「自分には無理かもしれない」「失敗したらどうしよう」と不安でいっぱいで、挑戦することを躊躇《ちゅうちょ》してしまうことがよくありました。

これは結果論ですが、**ネガティブな気持ちを持ったまま取り組む仕事は、うまくいかない**ものです。それればかりか、次につながる大きなチャンスを逃したこともあります。

しかし、今になって思えば、「自分には運がない」という言葉は、何か根拠やデータから導き出したものではなかったにもかかわらず、嫌なことや自分にとってネガティブに感じることが目の前に現れたときに、ついつい言ってしまっていました。その結果、自分で自分の気持ちを暗くしていたのです。

実はその後、私はある話を聞いたことがきっかけで、絶対に「自分は運が悪い」と言わないようにしようと、心に決めました。それは、私が毎週通っているテニスクラブのコーチから聞いた、次のような話です。

〝自分は運が悪い〟と考えてしまうプレーヤーは、試合で自分が有利な状況にいるにもかかわらず、〝逆転されるかもしれない〟〝ひっくり返されたらどうしよう〟というネガティブな感情が頭から離れず消極的なプレーになってしまい、自分が恐れていたとおりに逆転負けを喫してしまうのだそうです。つまり、自分が勝利する姿を頭の中で思い描くことができていないので、自分が恐れていたとおりの悪い結果になるということです。まさに、その当時の私自身の状況を言い当てられたような耳の痛い話でした。

逆に、勝ち切るプレーヤーは、〝自分はいつも運がよい〟と思っているようです。不利な状況になったり、負けていたりしても、〝必ず逆転できる〟と自分の実力を信じているので、試合をひっくり返してしまうそうです。

また、「スポーツもビジネスも同じです。**負けると思えば負け、勝つと思えば勝てるようになる**のです」と、コーチは教えてくれました。それを、私は脳裏《のうり》に焼きつけました。

〝準備〟と〝機会〟がぶつかったときに幸運を手にすることができる

では、どのようにすれば、「私は運がよい」と言えるようになるのでしょうか？

また、どうすれば、「私はツイている」と言い切れるようになるのでしょうか？

あなたは、〝そもそも、運をコントロールすることなんてできるのか？〟と思うかもしれません。しかし私は、〝**運はコントロールできる**〟ということに気づきました。

これは、クレームの専門家として独立してからの話ですが、運は待つのではなく自分でつかみ取ることができるものだと実感する経験をたくさんしてきました。

独立した直後は当然ですが、顧客からのクレーム対応の相談が溢れかえり、全国から講演依頼が殺到して日本中を飛び回っている、なんてことはありえません。

仕事がない状況は少し不安でしたが、時間だけはあったので、私はいつ、どんな業界の企業からコンサルティングの依頼が来てもいいように、あらゆる業界のクレーム対応の事例を集めて研究していました。また、いつでも自信を持って講演会の依頼を引き受けられ

るように、毎日のようにカラオケBOXにこもってビデオカメラの前に立ち、一人で講演の練習をして、見せ方や話し方を自分なりに磨いていました。

また、私が当時愛読していた田坂広志《たさかひろし》さんの著書『仕事の報酬とは何か』（PHP文庫）の中に書かれている「良い仕事を残そうとする努力を通じて、職業人としての『能力』が磨かれる」という内容に感銘を受けて、時間を見つけては勉強会や経営者が集まるコミュニティにも積極的に参加するようにしていました。

そうしたことを続けて数か月後、私に思わぬことが立て続けて起こりました。

たまたま、医療機関のクレーム事例を研究していたときに、地方の大きな病院からクレーム対応の相談が寄せられたり、誰もが知っている大手企業からクレーム対応の演題で講演会の依頼が入ってきたりしたのです。それらはすべて、積極的に参加した勉強会やコミュニティで知り合った人を通じてのお仕事ばかりだったのです。

私と同じ時期に独立した起業家仲間からは、「谷さん、すごいですね！」と言われたのですが、そのときに私が返答に使っていた言葉は「**運がよかっただけです**」「**ツイていました**」でした。

まさに、**幸運とは行動していた人だけがつかめるもの**で、しっかり準備をしていた人だけがチャンスをものにすることができる奇跡なのかもしれません。

出番を信じて準備をしっかりやっていれば、バッターボックスに立てるチャンスが来る

得する言い方

「私はホント、いつも運がいい」

「いつもツイている」

「必ずまたチャンスが来る」

「自分はいつも運がいい」と考えているだけで、毎日を上機嫌で過ごせるようになる。人が幸運を引き寄せくれると考えて、いろいろな人と出会える機会を大切にする。

損する言い方

「自分はいつも運が悪い」

「どうして自分だけ、こんな目に…」

運が悪いかどうかを自分で決めない。嫌なことが起きても忘れる。次はよいことが起きると信じて、自分がやるべきことをしっかりやる。

29

「お金がないので、できない」と、できない理由を探さない

〝稼ぐ力〟の身につけ方

ビジネスの世界で大活躍して、お金をたくさん稼いでいる人がいます。とても羨ましく思う人も多いでしょう。

一方で、「お金があれば、やるんですけど…」「お金がないので、できない」とお金を理由に行動しない人がいます。

私の周りで大活躍してお金をたくさん稼いでいる人には、共通していることがあります。それは、ものすごく勉強しているということです。勉強のために、お金と時間を投資しています。

お金がないことを理由に行動しない人は、勉強する機会を自分でつくろうとせずに娯楽や暇つぶしにお金と時間を浪費していると言えます。

要するに、**勉強する時間に比例して、お金を〝稼ぐ力〟を身につけることができる**ということです。

そして、お金をたくさん稼いでいる人には、もう1つ共通点があります。それは、**お金を追いかけて勉強しているのではなくて、人に喜んでもらえるような仕事をするためのスキルと知識を追いかけて勉強している**ことです。

勉強して資格を取れば、独立や起業することができ、お金を稼げると思っている人がいますが、おそらく、そういう人はうまくいきません。すでに同じような資格を持っている人はたくさんいるので、後から参入しても、その他大勢に埋もれてしまうからです。

私は、クレームの専門家として独立するときに決めていたことが1つあります。

それは、**〝お金を中心に仕事を考えない〟**ということでした。

この一番の理由は、クレームの専門家の仕事は、〝お金を稼ぐ〟ことが目的なのではなく、〝クレームで困っている人を救う〟ことが目的だからです。

ですから、独立直後はお仕事をいただき、お金を稼ぐことができたら、生活費以外のお金を自分の仕事に活きる勉強のために投資していました。

このようなことを言うと、「いや、その勉強のために使うお金がそもそもないんですよ」

と言う人がいるかもしれませんが、方法はいくらでもあるはずです。

私の場合は、会社員時代から古本屋で名著と言われるビジネス書を安く手に入れて、何度も読み返したり、図書館で仕事に関連する資料を読んだりしていました。

でも最近は、YouTubeでも教育・ビジネス系の動画で、無料で質の高いコンテンツを公開しているので、そちらで学ぶこともできます。また、本や動画以外にも、他の人ができない経験をしたり、人に会いに行ったりしてもよいでしょう。

もしかしたら、勉強したことがすぐにお金に換わることはないかもしれません。逆に、すぐにお金になるようなスキルや知識は、あまり役に立たないものとも言えます。**勉強は後々になって、必ずあなたを助けてくれます。**ちなみに、この本の中に書いたことは、過去に私が勉強して手に入れた考え方やノウハウが多く含まれているので、勉強は自分に、そして他の人にも役に立ち、その後に稼ぐ力に変わっていくと言えます。

自分で仕事をつくり出すと夢中になれる

あなたも社会に出て仕事の経験を重ねてくると、世の中に正解は1つではなく、たくさ

ん存在するということがわかると思います。

「こんなことで、お金を稼いでいる人がいるのか？」と驚くことはありませんか？

YouTuberで、大企業の経営者よりお金を稼いでいる人が出てきたときには衝撃を受けたものですが、私の周りにも元知能犯担当の刑事で今は「ウソや人間心理の見抜き方」を教えている人気講演家の森《もり》透匡《ゆきまさ》さん、元吉本興業の芸人で今は「仕事で使える笑いの法則」を本や研修で教えている夏川《なつかわ》立也《たつや》さん――。

お二人は、自分のスキルと知識を磨き上げて他の人には真似できない仕事をつくり出されて、たくさんの人を笑顔にされています。

私は、〝怒りを笑いに変えるクレーム・コンサルタント〟という肩書で活動しています。

「クレームの専門家として独立します」と会社に退職の意向を伝えたときには、周りの人からすごく笑われました。「そんな仕事でうまくいくはずがない」と、バカにされたこともありました。

でも私は、その当時から確信していました。過去の自分のように、クレーム対応に疲弊していたり、明日もクレーム対応をしないといけないと考えて恐怖で眠れない夜を過ごしていたりする人を、私は救うことができると自信を持っていました。つまり、「クレーム

対応は世の中で必要とされる仕事だ」と誇りを持って独立を決めたのです。

これは、起業した人、会社や組織で働く人に関係なく共通して言えることですが、**仕事を充実させるためには、自分で仕事をつくり出すことが大切**です。

決められたことだけをやっていればよい、ということはありません。例えば、ホテルで仕事をしている人なら「マニュアルにはないが、こうやればお客様にもっと快適にお過ごしいただけるのではないだろうか？」とか、介護の仕事をしている人なら「ご家族の方に報告する内容を増やすことで安心していただけるかも？」と考えて、自分で仕事を進化・成長させていけば、お客様に喜んでもらえることが増えるのではないでしょうか。

自分で仕事をつくり出していくためには、勉強が必要になります。自分が仕事をしている業界だけでなく、他の業界で実践していることを取り入れてみたり、たまたま入ったカフェでの接客が素晴らしくて自分の仕事にも活かせると思いついたりすることがあるかもしれません。

仕事をするうえで正解は1つだけではありません。自分がよいと思ったことをどんどん取り入れて実践していきましょう。

人を笑顔にするためのスキルや知識を自分で学ぶ機会をつくろう！

お金がなくても、できることはたくさんある。お金を稼げるようになりたいなら、勉強する。暇つぶしに時間をムダづかいしてはいけない。勉強に時間とエネルギーを使おう。

損 する言い方

「お金がないので、できない」
「言われたことだけをやっていれば、それでいい」

得 する言い方

「お金がないからこそ、できることがある」
「自分がやれることを増やしていこう」

自分から率先して勉強して生み出したものには、何にも代えがたい価値がある。それは、自分の自信になり、お金を稼ぐ力が身についていく。

30

「自分にできるだろうか？」と立ち止まらない

悩んで迷っている時間はもったいない

目の前に現れた問題をいつも深刻にしているのは、自分自身なのかもしれません。

特に、新しいことに挑戦するときには、未知の世界に飛び込むものだと大げさに考えすぎて、なかなか一歩を踏み出せない人が多いのではないでしょうか。

私は、〝**悩んで迷って何もやらない時間を過ごすのはすごくもったいないこと**〟、さらに〝**遅い決断をすれば、誰かにポジションを奪われる運命をたどるだけ**〟と考えています。

実を言うと、以前の私は問題を深刻に考えすぎてしまい、行動に移すことがちょっと遅いタイプでした。

このちょっとの遅れが後になって、「もっと早くやればよかった」「迷わず、さっさと手を挙げればよかった」と後悔することが、とにかく多かったのです。

そのように、いつも悩んで迷ってしまう理由について考えてみると、私の場合は「自分にできるだろうか？」という不安な気持ちになることが原因だと気づきました。

独立してから3年目に、某テレビ局からある番組のレギュラー出演の打診をいただいたことがありました。それは、新しく始まる「クレーム」を題材にした番組で、私の知識を活かせる、私のためにあるような企画でした。

しかも、私はご意見番的な存在で、出演されるタレントの方にアドバイスするという、とてもよいポジションのお仕事だったのです。

ところが、「キャリア3年目の自分に務まるのだろうか？」と深刻に考えてしまい、結論を先延ばしにしてしまったことで、テレビ局側から見切りをつけられ、そのご意見番のポジションを他の方に譲ってしまったのです。

その数か月後、悔しい気持ちでその新番組を視聴したのですが、私のポジションに入った方のコメントは、まったく的を射ておらず（私個人の感想です）、私ならもっと的確なことを言えると思うものばかりでした。しかも、この番組は、関東ローカルの真夜中の時間帯のオンエアだったので、経験が浅かった私でも気楽に出演できそうな番組（これも個人の感想です）でした。

正直、何も迷うことなんかない、むしろ、すぐにでも手を挙げて自分の可能性に挑戦するべきでした。私はせっかくの大きなチャンスを自分で深刻な問題にして躊躇してしまうという、本当にもったいないことをしてしまったのです。

「自分はやれる」と心に決めて挑戦する

迷わず、変化や失敗も恐れず、スタートラインにすぐ立つことで物事をよい方向に進めることができるということを学んだ私は、この経験を教訓にして同じ過ちを繰り返さないように心がけました。「自分にはハードルが高いのではないだろうか？」と思うような新しいお仕事にも、積極的に挑戦するようになったのです。

さらに、私は行動するときには、**〝熱意〟を持って取り組むことがとても重要**だと考えるようになりました。

具体的には、「〝できないかもしれない〟と考えるのではなく、〝やる！〟という熱い気持ちを持って挑戦する」ことが大切だと考えています。

新しいチャレンジの機会を得たときには、仮に過去に経験がなくても、まず「やれます」

と先に伝えてから勉強したり、準備したりしていけば、チャンスを逃すことがなくなるのです。そのことに気づいたのは、次に紹介する出来事がきっかけでした。

私の主な仕事の1つは、講演会でお客様の前で話をすることです。

あるとき、有名な起業コンサルタントの先生が講演に登壇する予定だったのですが、体調不良のためにステージに立つことができなくなり、本番の1週間前のタイミングで主催者側から代打での講演依頼を受けました。

てっきり、「クレーム対応」の演題でよいのかと思っていたところ、起業・独立をめざす300人の会社員の方々が参加されるということもあり、「失敗しない独立・起業の法則」という演題を指定されたのです。

それは、私のまったく門外漢の分野でした。いつもの「自分にできるだろうか？」という不安が頭をよぎりましたが、私も会社員から独立・起業した経営者の端くれとして、お話しできることがあるのではないかと前向きに考え、「やれます」と主催者に伝えて引き受けました。

そこから1週間、本番の直前まで、講演で話すネタを必死になって考えて用意しました。

そして当日、緊張しながらステージに立つことになりました。

講演が始まると、参加者の方々はメモを取りながら私の話を熱心に聞いてくださり、それに対して意気に感じた私は、参加者の方々が起業という人生最大の挑戦に向けて一歩を踏み出すために少しでもお役に立てるよう、２時間全力でお話ししました。有難いことに盛況のなか、無事に講演を終えることができたのです。

その講演終了後、主催者には大変喜んでいただき、また参加者の方々から「悩んで迷っている時間はもったいないですね」「すぐに法則を行動に移します」などと、多くの感想を頂戴することができました。

新しいチャレンジには、「やれます」と迷わずにすぐ伝えることで責任を担い、熱意を持って取り組むことができれば、よい結果が生まれるものなのです。

ちなみに、この「失敗しない独立・起業の法則」の講演の話は、今では私の鉄板ネタの１つとなっています。

経験知や能力より“熱意”と“行動力”で自分の壁を乗り越えていく

「失敗したらどうしよう…」と立ち止まるのと、「やれる！」と言って前に進むのと、どちらを選ぶべきか？　もちろん、「やれる！」と言って自分を向上させよう。

損する言い方

「自分にできるだろうか？」

「自分ではダメだと思います」

得する言い方

「これは自分にしかできない」

「やってみる価値はある」

新しい一歩を踏み出すと、案外、次のもう一歩も簡単に踏み出せるようになる。熱意を持って取り組めば、何でもうまくいくようになる。

31

「忙しい」「疲れた」を封印する

仕事は〝お客様の役に立つこと〟を重視する

人生はアッという間に終わってしまうかもしれないと、最近思うことが多くなりました。20代や30代のころは、人生は永遠に続くもののように思っていましたが、50代に入ると、さすがに人生の後半に入ってきたと自覚するようになりました。

私の人生はまだ途中ですが、ここまでを振り返ってみて20代や30代のころの私に伝えたいことがあるとしたら、「**もっとお客様のために仕事をしろ！**」です。20代から30代までの私は会社員で、会社からは「効率よく仕事をするように」と言われていました。

営業マン時代は、少ない時間の中でいかに顧客を開拓し、売上を上げるかを求められていましたし、お客様相談室時代は、クレームを受ける時間をいかに短くして、クレームを長引かせないようにするかを求められていました。

会社から求められていた効率よく仕事をするという観点では、とてもよいことだった（職務に忠実だった）と思います。そして、当時の私は毎日、「忙しい」と言っている自分が正しいと思っていました。

でも、今になってみれば、効率よく仕事をすることは会社から求められていたことで、「そうしなければならない」という、やらされている感覚の中でただ仕事をしていただけだと思っています。もっと言えば、仕事に対して真摯に取り組むというよりも、目の前の仕事を〝さばく〟〝こなす〟という感じで急いで片づけようとしていたのではないかと後悔しているのです。

仕事をして成果を上げることは大切なことです。しかし、本当の成果を上げるということは、会社から言われた仕事だけをすることではありません。その仕事をすることで、〝目の前のお客様を喜ばせることができているか？〟を常に意識するべきです。

会社から言われたことを忠実にやれば、評価されて給料も上がるかもしれません。しかし、それだけに満足しないで、**自分のこと以上に目の前にいる他の人の役に立つということに全力を尽くすことが重要**なのです。

私の営業マン時代の仕事で言えば、顧客を開拓して売上を上げることは成果ですが、そ

の前に自分の取り扱っている商品を手にすることで喜んでもらえるお客様を増やすことを意識するべきだったのです。

お客様相談室時代の仕事であれば、クレームを長引かせないということを重視するのではなく、怒っているお客様の心を癒し、次も使っていただけるような関係性をつくるべきだったのです。クレームは処理するのではなく、対応するものなのです。その結果、クレームを受ける時間を長引かせないようになれば、お客様相談室の電話がつながらずにイライラしているお客様を待たせなくても済みます。

会社から言われたことだけをやっている人は、〝やらされている〟と思っているので、「忙しい」「疲れた」とよく言います。お客様に喜んでもらおうとすると、**〝役に立っている〟と実感できるようになり、「喜んでもらえて嬉しい」「毎日、充実している」という言葉が自然に出るようにもなります。**

仕事は効率を追いかけるのではなく、お客様を笑顔にするために取り組むものなのです。

〝自分の幸せのカタチ〟を明確にする

それでも、毎日仕事でやるべきことが多くて、プライベートでもやりたいことがたくさ

んあって「忙しい」「疲れている」「時間も足りない」と感じている人もいるかもしれません。私も、20代や30代のころはそうでした。また、実際にそう言っていました。

でも50代になった今の私は、**「自分はどうなれば幸せになるのか？」を明確にして、時間をムダにしないことがとても大切**だと考えています。

私は毎年、新任の管理職を対象とした3日間の企業研修を担当しているのですが、研修の3日目には「5年後、自分はどうなっていたいか？」という自分の目的地を明確にするカリキュラムを用意しています。

このカリキュラムで興味深いのは、受講者のほとんどが5年後は「課長になりたい」「給料を上げたい」と堂々と答えることです。これに関しては、素晴らしいことだと思います。

でも私は、そのタイミングで、さらに「ではなぜ、課長になって給料を上げたいのですか？」と質問をします。すると、「家族を幸せにしたい」「奥さんを喜ばせたい」「苦労をかけた両親を安心させたい」「課長の肩書を手に入れて年収を増やしてモテたい」など、それぞれ具体的で明確な答えが返ってきます。

そうです。これこそが、「自分がどうなれば幸せになるのか？」の答えです。

そのカリキュラムで私が受講者に気づいてもらいたいのは、「自分が幸せになるために

やるべきことは、5年後ではなくても今できますよ」ということなのです。課長にならなくても、給料を上げなくても、家族を幸せにする方法はあるのではないでしょうか。お金が増えなくても、奥さんを喜ばせる方法はたくさんあるのではないでしょうか。ご両親に事あるごとに、ご自身の元気な顔を見せることで安心してもらうこともできるのではないでしょうか。課長の肩書を手に入れて年収が増えても、モテない人もいますので（笑）、女性を楽しませるトーク力を磨いて自分に自信を持つことをめざしたりしてもよいのではないでしょうか。

人生はアッと言う間に終わるかもしれません。ひょっとしたら、明日はこの世にいないかもしれません。毎日、**「忙しい」「疲れた」と言って流されてしまって、自分の幸せを後回しにしてはいけません。**

「自分の人生は充実している」と言えるようにするためにも、**自分の幸せを明確にして今すぐに行動に移すようにしてください。**

＼「毎日忙しい」と言って仕事をした気にならない。忙殺されて大切なことを見失わない／

やらされている感があると疲れるが、人に喜んでもらえることをしているときには、疲れることはない。

損 する言い方

「忙しい」
「時間が足りない」
「疲れた」

得 する言い方

「充実している」
「よく頑張っている」
「喜んでもらえて嬉しい」

自分が幸せだと思う時間を、もっともっと増やすことを意識しよう。そうすれば、ケタ違いに毎日が充実するようになる。

第5章のまとめ

仕事、そして人生で
「損する言い方」「得する言い方」

25

●めんどくさがらない

損する言い方「こんなことをやっても意味がない」
得する言い方「逆に、オイシイかも」

26

●逃げる自分を正当化しない

損する言い方「この仕事は自分には向いていない…」
得する言い方「向いていないのではなく、工夫していないだけだ」

27

●愚痴を口にしない

損する言い方「何か楽しいことないですかね?」
得する言い方「昨日よりも成長できた」

28

●自分だけ運が悪いと思わない

損する言い方「どうして自分だけ、こんな目に…」
得する言い方「いつもツイている」

29

●できない理由を探さない

損する言い方「お金がないので、できない」
得する言い方「お金がないからこそ、できることがある」

30

●立ち止まらない

損する言い方「自分にできるだろうか?」
得する言い方「やってみる価値はある」

31

●効率ばかりを重視しない

損する言い方「忙しい」「疲れた」
得する言い方「充実している」「喜んでもらえて嬉しい」

エピローグ　人生であと１００回しか話すことができないなら、どんな言葉を使いますか？

最後までお読みいただき、本当にありがとうございました。

いかがでしたでしょうか？

あなたの人生を少しでも変えたいと思い、多くの時間をかけて執筆しました。

今回の出版にあたっては、20代や30代で悩み、くすぶっていた自分がこんな本と出会いたかったと思えるような、過去の自分に読ませたいという気持ちも込めて書きました。

もし今、あなたが過去の私のように人間関係や仕事で悩んだり苦しんだりして、何から手をつければよいのかさえわからないと言うのであれば、この本の内容を実践してもらえるとお役に立てるのではないかと考えています。

私はクレームの専門家として仕事をしているのでいつも思うことですが、最近は、自分の思いどおりにならないことがあると身近な人に愚痴を言うだけでなく、誰かれ構わず自

分の不満をぶちまけてストレスを発散する人が少なくありません。

相手への気づかいや感謝する心を完全に失ってしまったのだろうか、と思うことさえあります。

言葉というものは、自分のストレスのはけ口の道具として使うものではなく、人に優しく接したり、感謝を表したり、目の前の人を笑顔にするために使うものだと思います。ときには、自分を鼓舞するために自分自身にも使える、本当に素晴らしいものだと私は考えています。

「**言葉のムダづかい**」という表現を私はよくするのですが、言葉は自分の思うままに無限に使うことができるから、人を傷つけたり、苦しめたりしても平気な人がいるのだと思います。

でも、もし、自分の人生であと１００回しか話すことができないなら、あなたはどんな言葉を使いますか？

おそらく、誰もが言葉をムダづかいしたくないと考え、軽はずみに自分の愚痴や不満を言うために使うことはなくなると思います。

誰に、どのような言葉を使うのかを一生懸命考えて、少しでも自分の周りの人を優しさと笑顔の花で溢れるようにしたいと考え、言葉をムダにすることがなくなるのではないでしょうか。

私が一番伝えたかったのは、このことでした。

「**話せる言葉には限りがある**」と常に意識して言葉を大切に使うことができれば、自分の人生も世の中もどんどんよくなっていきます。私はそう信じています。

前作『どんな相手でもストレスゼロ！　超一流のクレーム対応』に続いて、今回も私が伝えたかったことを本にしてくださった日本実業出版社のみなさまには、心より御礼を申し上げます。本当にありがとうございました。

もう一度、最後にお伝えさせてください。

言葉を変えると、心が変わる。人間関係が変わる。目の前に広がる景色が変わる。
言葉を変えよう！　心を変えよう！　人間関係を変えよう！　人生を変えよう！

２０２１年１月

谷　厚志

谷　厚志（たに　あつし）

怒りを笑いに変えるクレーム・コンサルタント。一般社団法人日本クレーム対応協会の代表理事。クレーム評論家。

1969年、京都府生まれ。近畿大学卒業後、広告会社の営業マンを経て、旅行会社のコールセンター、お客様相談室で責任者として2,000件以上のクレーム対応に従事。一時はクレームによるストレスで出社拒否状態になりながらも「クレーム客をファンに変える対話術」を確立する。

現在は独立し、クレームで困っている企業などのために全国でコンサルティング活動を展開、具体的なクレーム対応法をアドバイスしている。圧倒的な経験知と人を元気にするトークが口コミで広がり、年間200本以上の講演・研修にも登壇する。

最近はテレビ番組のコメンテーター、著名人のトークショーのナビゲーターとしても活動している。

著書に『どんな相手でもストレスゼロ！　超一流のクレーム対応』（日本実業出版社）、『「怒るお客様」こそ、神様です！』（徳間書店）、『ピンチをチャンスに変えるクレーム対応術』（近代セールス社）、『失敗しない！　クレーム対応１００の法則』（日本能率協会マネジメントセンター）などがある。

谷厚志公式サイト　https://www.taniatsushi.com/

損《そん》する言《い》い方《かた》　得《とく》する言《い》い方《かた》

2021年２月１日　初版発行

著　者　谷　厚志 ©A.Tani 2021

発行者　杉本淳一

発行所　株式会社日本実業出版社　東京都新宿区市谷本村町３−29 〒162-0845
大阪市北区西天満６−８−１ 〒530-0047

編集部　☎03-3268-5651

営業部　☎03-3268-5161　振　替　00170−1−25349

https://www.njg.co.jp/

印 刷／堀内印刷　　製 本／共 栄 社

本書のコピー等による無断転載・複製は、著作権法上の例外を除き、禁じられています。

内容についてのお問合せは、ホームページ（https://www.njg.co.jp/contact/）もしくは書面にてお願い致します。落丁・乱丁本は、送料小社負担にて、お取り替え致します。

ISBN 978-4-534-05830-0　Printed in JAPAN

日本実業出版社の本

どんな相手でもストレスゼロ！

超一流のクレーム対応

谷　厚志

定価 本体 1500円（税別）

怒りを鎮める基本、ＮＧな対応、怒る相手の心をつかむ方法、怒りを笑顔に変える言葉、悪質クレーマーの見極め方と撃退法など、クレーム対応で必要な心構えとノウハウをすべて全力で教えます。

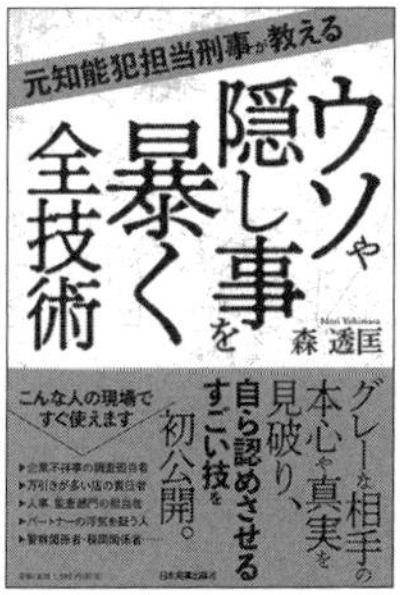

元知能犯担当刑事が教える

ウソや隠し事を暴く全技術

森　透匡

定価 本体 1500円（税別）

2,000人以上の取調べ・事情聴取を担当した元敏腕刑事が、過ちや失敗を犯した人のウソや隠し事の見破り方から、証拠の集め方と使い方、ヒアリング方法まで、疑惑を暴く方法のすべてを解説します。

復職後再発率ゼロの心療内科の先生に

「薬に頼らず、うつを治す方法」を聞いてみました

亀廣　聡・夏川　立也

定価 本体 1400円（税別）

「うつの正体」「いかに薬に頼らず、うつを治すか？」「抑うつ状態のうち薬が効くのは１種類だけ」など、“こころの病気”のことと回復していくプロセスが実際の心療内科のクリニックを受診するような感覚でわかる本です。

定価変更の場合はご了承ください。

JN088170